KB201005

인생, 꽃피다

쓰고 방송하고 나누다

인생,
꽃피다

박성배 김재민 박영순 김신회 김지회 임인채 김영옥
손외식 이경용 정선문 김태균 홍경일 강혜숙 정균오 최진선

목차

Part 1. 방송 진행과 기획

■ 극동방송과 함께하는 박성배 목사의 책쓰기 코칭

Part 2. 박성배 목사의 책쓰기 코칭 인터뷰

　우리 모두의 삶의 목적은 하나님께서 각자에게 부여하신 일에 직
업의 소명론을 좇아서 그 결과를 바라보며 경주자와 같이 면류관을
차지하려는 것과도 동일하다. 이번 공저《인생, 꽃피다》에 15인이 힘
을 다하여 참여하셨다. 공저자들을 자세히 살펴보면 백인백색의 조
화로운 콘텐츠를 갖추고 있다는 생각이 든다. 독자들은 이 책을 통해
그들의 다양한 삶과 사역에 감동을 느끼며 또 다른 세계를 접하게 될
것이다.

　공저자들의 사역 영역을 살펴보면 연륜이 묻어나는 지고한 목회자
의 글과 이제 배움의 과정을 마치고 목회에 입문한 목회자의 이야기,
세계 각처의 선교지에서 다양한 사역을 육필로 쏟아낸 감동적 이야
기들이 독자들로 하여금 감동과 도전 의식을 다시금 일깨워 주고 있
다. 이 책에서는 목회자와 선교사들만이 아닌 다양한 직업인들의 진
솔한 삶의 고백이 또한 잔잔한 감동의 여운을 주고 있다. 한국 최고의
양복 장인과 의술을 특화하여 자기만의 독특한 의료 영역을 개척한
최고의 직업인이 된 그들의 글을 보면서 하나님께서 행하시는 부르
심을 받은 자들의 삶이 이처럼 다채롭고 아름답다는 것을 느낄 수 있

다. 이번 공저에는 온 가족이 참여한 훈훈한 이야기가 특색 있게 그려져 있다. 참으로 아름다운 믿음의 공동체요, 가문이요, 작은 천국임을 느끼게 된다.

그동안 여러 권의 책을 써내어 저술인으로 입지를 굳힌 분들도 있고, 이제 저술의 초년생이 된 분도 있다. 이들 모두 한 분야의 전문가로서 끊임없이 도전하고 있기에 그들의 삶의 도전이 얼마나 무궁하며 아름다우며 늘 푸른 나무의 모습과 풍성한 열매를 맺는 모습을 보여주는지 다시금 깨닫게 된다.

이 책을 읽다 보면 영동극동방송에서 〈박성배 목사의 책쓰기 코칭〉을 위임받은 박성배 목사가 기획하고 진행하는 인터뷰 형식의 글이 새로운 장르가 되어 매우 생동감 있게 다가온다. 방송의 힘은 많은 청취자들이 동시에 함께 참여한다는 점이 있다. 그러나 그 시간대에만 존재하기에 그 내용을 글로 지면화 하면 늘 공존하여 언제든지 찾아볼 수 있는 사료적 가치가 있는 책으로 재탄생된다. 이번 《인생, 꽃 피다》가 모든 독자들에게 감동과 도전을 주는 살아있는 저서가 되기를 소망한다.

극동방송 설교자
《한국 교회의 아버지 사무엘 마펫》 외 다수의 책 저자
강 석 진

인생 꽃피다

영동극동방송과 함께 〈박성배 목사의 책쓰기 코칭〉을 매 주일 오전 8:30~9:00에 진행하는 행복한 여행을 하고 있습니다. 그동안 방송으로 만났던 소중한 분들을 책으로 한 번 더 만나면서, 그 의미를 두고두고 생각하기 위하여 이번 책을 출간하게 되었습니다. 2015년 영동극동방송에서 진행했던 〈통일을 앞당겨 주소서(진행: 강석진, 박성배)〉라는 프로그램을 마치고 출간한 《통일을 앞당겨 주소서》에 이어서, 두 번째 책 《인생, 꽃피다》를 출간하게 된 것입니다.

극동방송과 함께한 시간들은 언제나 행복한 추억을 소환해 줍니다. 극동방송과의 첫 만남은 1992년이었습니다. 오엠 선교사로 영국과 헝가리에서 사역을 마치고, 오엠코리아에서 선교 훈련 간사로 섬기던 1992년 어느 날, 서울극동방송의 〈하나되게 하소서(진행: 공부영 아나운서)〉에 출연해서 헝가리 사역에 대해서 이야기를 하게 되었습니다. 그리고 2015~2016년 영동극동방송에서 〈통일을 앞당겨 주소서〉를 진행하였습니다. 그 후 서울극동방송에서 〈히즈북 영상 칼럼〉을 1년간 진행했고, 이번에 다시 영동극동방송에서 〈박성배 목사의 책쓰기 코칭〉을 진행하고 있습니다. 최근에 발간된 극동방송 이사장이신 김장환 목사님의 극동방송을 위한 헌신이 담겨있는 《김장환 목사 평전》을 읽으면서 더욱더 극동방송과 함께 방송을 진행한다는 것에 대한 자긍심과 감사의 마음을 갖게 되었습니다.

나태주 시인은 오랜 무명 시절을 지나 65세가 되어서야 〈풀꽃〉이라는 시로 세상에 알려지기 시작했다고 합니다. 이 시는 2012년 '광화문 글판'에 소개되면서 큰 반향을 불러일으켰고, 이때부터 그의 시에 대한 관심 또한 커졌다고 합니다. 나태주 시인은 시를 통해 따뜻한 위로와 격려의 말을 전해줍니다.

《인생, 꽃피다》에는 자신의 삶의 영역에서 크리스천으로서 열심히 살면서 꽃을 피워가고 있는 목회자, 각 분야의 전문가, 선교사의 이야기가 담겨있습니다. 이들은 모두 자신의 영역에서 아름다운 향기를 내며 꽃을 피워가기까지 오랜 세월 하나님이 주신 달란트를 개발하면서 자신의 길을 가고 있는 분들입니다. 그 귀한 분들의 이야기를 방송으로 들었고, 다시 한 권의 책으로 묶어서 나눌 수 있어서 감사합니다. 《인생, 꽃피다》를 읽는 독자 여러분에게 '인생을 꽃피워가는 은혜'가 있기를 기원합니다.

2024년 11월

박 성 배

Part 1.

방송 진행과 기획

극동방송과 함께하는
박성배 목사의 책쓰기 코칭

박성배 목사

대한민국 대표 책쓰기 코칭전문작가로서 책을 쓰면서 수많은 사람들을 코칭하고 있다. 2009년 9월부터 15년간 도서관에서 생존독서와 글쓰기에 집중하여 100여 권의 책을 만들어 가고 있다. 독서광, 작가, 목사, 방송인, 강사, 책쓰기 코칭전문작가이다. 2011년 공저 《한 걸음 더》를 시작으로, 《나는 매일 희망을 보며 행복하다》, 《아름다운 발걸음》, 《일어나다》, 《크리스천을 위한 책 쓰기 미션》, 《통일을 앞당겨 주소서》, 《한국이 온다》, 《다독다독 책·꿈·행복》, 《책 짓기 건축술》, 《인생미션》, 《한국 교회의 아버지 사무엘 마펫》, 《목회 꽃피다》 등 다수의 저서를 출간하였다. 코칭한 책으로는 《베개혁명》, 《나를 넘어 꿈을 넘어》, 《부천노회 20년사》, 《광시교회 110년사》, 《굿닥터》, 《사람을 키우라》, 《온화한 미소의 사람 김동익》, 《미션 콘비벤츠》, 《양탕국 커피가 온다》, 《아직 끝나지 않은 열정》, 《그림책 먹는 엄마》 등 다수가 있다.

서울 용문고등학교를 졸업(26회)하였으며, 연세대 연합신학대학원에서 교회 역사를 전공(Th.M), 장로회신학대학교에서 박사 학위, 영국 웨일스에서 지도자 과정인 LAP(Leader as a Person), 스위스 로잔에서 C.D.T.S(Cross Cultral Dicipleship Training School)과정을 공부했다. 극동방송에서 〈통일을 앞당겨 주소서〉, 〈히즈북〉, 〈희망 한국이 온다〉 등을 진행하였다. 현재는 인천공항 신도시에서 들어오고 나가는 선교사들을 돕는 한우리 미션 밸리(H.M.V: Hanwoori

Mission Valley) 대표와 한우리교회 목사로서 '통일코리아와 미션코리아'를 준비
해 가고 있다.

문의

- Mobile / 010-5354-8932
- E-Mail / samuel-pk@hanmail.net
- 책쓰기 코칭센터 / 하나북스
- Facebook / 박성배
- blog / samuel_pk@naver.com / 박사무엘의 희망이야기

박성배 목사의 '책쓰기 스토리'

김혜미   극동방송 가족 여러분, 한 주간도 평안하셨습니까? 오늘은 〈박성배 목사의 책쓰기 코칭〉 진행자인 박성배 목사님의 책쓰기 스토리를 듣는 시간을 갖고자 합니다.

김혜미   먼저 박성배 목사님께서 극동방송 애청자들에게 인사를 나누어 주시기 바랍니다.

박성배   극동방송 애청자 여러분 반갑습니다. 매 주일 8시 30분에서 9시까지 영동극동방송에서 〈박성배 목사의 책쓰기 코칭〉을 진행하고 있는 박성배 목사입니다.

김혜미   목회만 하시던 박성배 목사님이 어떻게 책쓰기를 시작하셨는지요?

박성배   건축 후 어려울 때 페북에 올렸던 글로 첫 책을 출간하면서 글쓰기를 시작하여 2024년 현재 20여 권의 책을 쓰게 되었습니다.

김혜미   첫 책을 SNS의 공저로 출간하시고, 공저 기획을 10여 권이나 하신 것으로 알고 있습니다. 공저 기획은 어떻게 하게 되셨는지요?

박성배   첫 공저 《아름다운 발걸음》 이후 영동극동방송 기획 《통일을 앞당겨 주소서》 출간, 《다독 다독 책·꿈·행복》, 《책짓기 건축술》, 《인생미션》, 《통일을 앞당겨 주소서》, 《목회 꽃피다》, 《서부 경남 목회 꽃피다》, 《인생, 꽃피다》 (2024년 11월 출간 예정) 등입니다.

김혜미   극동방송과 함께 방송했던 프로그램 〈통일을 앞당겨 주소서〉를 책으로 출간하셨고, 지금 진행하시는 〈박성배 목사의 책쓰기 코칭〉을 《인생, 꽃피다》로 출간 준비 중이신데, 방송 후에 책으로 출간하시는 이유는 무엇입니까?

박성배   방송 후에 책으로 출간하는 이유는 기록을 남기는 일입니다.

김혜미   교회 책쓰기 관련 책도 몇 권 쓰셨는데, 어떻게 책쓰기 관련 책을 쓰시게 되셨는지요?

박성배   두 번째 책을 쓰고 나니까 주변 사람들이 "책쓰는 방법을 알려달라"고 해서 출간한 책이 《크리스천을 위한 책쓰기 미션》입니다. 이 책은 '왜 책을 써야 하는가?'라는 질문에, '책쓰기는 미션이다'라는 답을 담고 있습니다.

김혜미   첫 번째 단행본을 2015년에 출간하셨는데, 그 제목이 《일어나다》입니다. 그 의미는 무엇입니까?

박성배   《일어나다》를 쓰고 극동방송에서 방송하고 일어나기 시작하였습니다.

김혜미   책을 쓰시고 국내의 여러 곳에서 책쓰기 강좌를 하신 것으로 알고 있습니다.《다독다독 책·꿈·행복》이 광주 다독다독 도서관에서 책쓰기 강좌 후에 쓰신 책이지요?

박성배   7번째 책인《한국이 온다》출간 후 기도 응답으로 광주에서 책쓰기 강좌 후에 쓰게 되었습니다.

김혜미   베트남에 강좌를 다녀오시고 출간하신 책이《인생미션》인데, 그 이야기를 좀 해주시지요?

박성배   베트남 호치민 강좌 후에 쓴 책이《인생미션》입니다.

김혜미   일반인들을 대상으로 쓰신 책들도 있는데, 어떤 책들이 있으신지요?

박성배   《한국이 온다》,《꿋꿋이 나답게 살고 싶다》,《내 인생을 다시 쓰는 책쓰기》등입니다.

김혜미   쓰신 믿음의 책 중에《한국 교회의 아버지 사무엘 마펫》은 영동극동방송에서도 낭독을 했는데, 책을 어떻게 쓰시게 되셨는지를 이야기해 주실 수 있을까요?

박성배   《한국 교회의 아버지 사무엘 마펫》은 한국 초기 교회의 기초를 놓은 평양신학교 설립자 사무엘 마펫의 평전입니다.

김혜미	박성배 목사님의 책쓰기 이야기를 듣고 있습니다. 책쓰기의 멘토가 되시는 분들이 계실 텐데, 어떤 분들로부터 책쓰기를 배우셨는지요?
박성배	30인의 거장에게 배우는 글쓰기(글쓰기 꽃피다, 가제)는 요즘 쓰고 있는 책입니다. 다윗, 바울은 대표적인 믿음 글쓰기의 모델입니다.
김혜미	마지막으로 기도 제목을 나누어 주시기 바랍니다.
박성배	〈박성배 목사의 책쓰기 코칭〉 프로그램을 잘 진행하면서 좋은 책을 써가기를 소망합니다. 《인생, 꽃피다》가 잘 출간되도록 기도해 주십시오.

2015년 극동포럼 참석
(왼쪽부터 박성배 목사, 극동방송 이사장 김장환 목사님, 강석진 목사님)

포항극동방송 방문
(왼쪽부터 박성배 목사, 강석진 목사님, 맹주완 현 극동방송 사장님)

박성배 목사의 '책쓰기 코칭 스토리'

김혜미   극동방송 가족 여러분, 한 주간도 평안하셨습니까? 오늘은 〈박성배 목사의 책쓰기 코칭〉 진행자인 박성배 목사님의 책쓰기 코칭 스토리를 듣는 시간을 갖고자 합니다.

김혜미   먼저 박성배 목사님께서 극동방송 애청자들에게 인사를 나누어 주시기 바랍니다.

박성배   극동방송 애청자 여러분 반갑습니다. 매 주일 8시 30분에서 9시까지 영동극동방송에서 〈박성배 목사의 책쓰기 코칭〉을 진행하고 있는 박성배 목사입니다.

김혜미   목회만 하시던 박성배 목사님은 어떻게 '책쓰기 코칭'을 시작하셨는지요?

박성배   건축 후 어려울 때 재정적으로 도와주신 영락교회 권선희 권사님의 책을 만들면서 코칭을 시작하게 되었습니다. 그 후 권선희 권사님 책《나를 넘어 꿈을 넘어》등 80여 권을 코칭했습니다.

김혜미	10여 년간 책쓰기 코칭을 해오셨는데, 그동안 어떤 과정을 통해서 코칭 전문가로 인정을 받게 되셨는지요?
박성배	건축의 경험으로 책쓰기 건축술 8단계를 쓴 책이 2018년에 나온《인생 건축술》입니다. 그 후 건축술 8단계에 따라서 코칭을 하고 있습니다.

김혜미	책쓰기 코칭 사역과 극동방송과는 어떤 관계로 성장해 오셨는지요?
박성배	첫 책《일어나다》출간 후 극동방송에서 방송을 시작하고, 〈히즈북 영상 칼럼〉 때 전국에 방송을 했고, 박성배 책쓰기 코칭 브랜드 완성은 극동방송 홍보국(당시 부장 채평기, 현 제주지부 지사장)에서 완성한 것을 국민일보에 광고를 내면서 많이 알려지고 신뢰를 받는 책쓰기 코칭을 하기 시작했습니다.

김혜미	현재는《내 인생을 다시 쓰는 책쓰기》로 코칭을 하고 계신데, 그 책은 어떤 내용을 쓰셨는지요?
박성배	1장은 성경과 독서의 중요성, 2장은 책쓰고 인생이 바뀐 사람들 이야기, 3장은 책쓰기 미션, 4장은 책쓰기 건축술 8단계입니다.

김혜미	첫 책쓰기 건축술 8단계로 코칭한 분들의 책 중에는 어떤 책들이 있는지요?
박성배	《베개혁명(대한민국 최고의 베개 전문가)》,《양탕국 커피

가 온다(커피 전문가)》,《아직 끝나지 않은 열정(손외식 양복 전문가)》,《굿닥터(김태균 자연치료 전문가)》,《사람을 키우라(김신회 목사)》 등이 있습니다.

김혜미 목회자분들의 책 중에는 어떤 책들이 있는지요?

박성배 길자연 목사의 《목회 보감》, 오철훈 목사의 《화목의 목회》, 강대석 목사의 《마을목회》, 이형우 목사의 《나는 행복한 바보 목사입니다》, 김신회 목사의 《사람을 키우라》 등 다수가 있습니다.

김혜미 선교사분들의 책 중에는 어떤 책들이 있는지요?

박성배 정균오 선교사의 《온화한 미소의 사람 김동익》과 《미션 콘비벤츠》, 그리고 공저로 쓴 《유라시아 선교 꽃피다》가 있습니다.

김혜미 '꽃피다 시리즈'로 책을 기획하고 출간하고 계시는데, 설명을 해주시지요?

박성배 '꽃피다 시리즈'는 목회 꽃피다, 선교 꽃피다, 인생 꽃피다로 계속해 나가려고 합니다.

김혜미 현재 코칭 진행 중이거나 출간 예정인 책은 어떤 것들이 있는지요?

박성배 공저로 준비 중인 《서부 경남 목회 꽃피다》,《인생, 꽃피다》, 손외식의 《크리스토퍼 리더십 이야기》, 김정임의

《모두 선물이었다》, 임인채 목사의 《유종지미의 목회자 임인채》, 김지회 박사의 단행본 등이 있습니다.

김혜미 박성배 책쓰기 코칭을 성경 말씀에 비유하자면, 어떤 말씀입니까?

박성배 예수님이 마태복음 7장 산상수훈의 결론에서 말씀하셨듯이 반석 위에 집을 짓는 지혜로운 일이라고 할 수 있습니다.

김혜미 마지막으로 기도 제목을 나누어 주시기 바랍니다.

박성배 책쓰기 코칭을 통해서 통일한국과 선교한국이 인재를 키워갈 수 있기를 바랍니다. 인천공항 신도시에 세계선교센터를 준비하고 민족과 열방 가운데서 사역하기를 소망합니다.

박성배 목사의 '책쓰기 건축술 8단계'

김혜미 극동방송 가족 여러분, 한 주간도 평안하셨습니까? 오늘
은 〈박성배 목사의 책쓰기 코칭〉 진행자인 박성배 목사
님의 '책쓰기 건축술 8단계 이야기'를 듣는 시간을 갖고
자 합니다.

김혜미 먼저 박성배 목사님께서 극동방송 애청자들에게 인사를
나누어 주시기 바랍니다.

박성배 극동방송 애청자 여러분 반갑습니다. 매 주일 8시 30분
에서 9시까지 영동극동방송에서 〈박성배 목사의 책쓰기
코칭〉을 진행하고 있는 박성배 목사입니다.

김혜미 책쓰기 건축술 8단계로 무려 100여 권의 책을 만들어 가
고 계시는데, 책쓰기 건축술 8단계는 어떻게 만들게 되
셨는지요?

박성배 교회 건물 건축 후 겪게 된 어려움의 때에 성경과 인문학
책을 도서관과 서재에서 10여 년 집중해 읽고 연구하면
서 만들게 된 것이 '박성배 책쓰기 건축술 8단계'입니다.

김혜미   박성배 책쓰기 건축술의 8단계를 설명해 주세요.

박성배   책쓰기 건축술 8단계는, 구상단계에서 제목과 키워드를 찾고, 두 번째 단계인 설계도 짜기에서 목차를 만들고, 목차를 확정합니다. 그리고 세 번째 단계로 쓰기 단계에서 프로필과 프롤로그를 쓰고, 한 꼭지 쓰기로 전체 방향을 잡습니다. 그리고 마지막 단계에서 완공과 입주인데, 7단계가 초고 완성, 8단계가 책 출간으로 브랜드 완성입니다.

김혜미   책 한 권을 쓸 때 어려운 점이 무엇일까요?

박성배   목차 만들기, 초고 완성, 출판사 찾아서 출간하기의 세 단계를 잘 넘어야 좋은 책을 출간할 수 있습니다.

김혜미   책쓰기 건축술 8단계로 만든 최근의 대표적인 책들은 어떤 책들이 있으신지요?

박성배   《굿닥터》와 《사람을 키우라》가 베스트셀러가 되어서 제가 13년 만에 베스트셀러 코칭전문작가가 되었고, 정균오 선교사의 두 권의 책《온화한 미소의 사람 김동익》과 《미션 콘비벤츠》는 완성도가 높은 책입니다. 그리고 현재 방송 중인 내용을 담아 출간 준비 중인《인생, 꽃피다》도 완성도를 높여서 만들려고 최선을 다하고 있습니다.

김혜미   책쓰기 건축술 8단계를 통해서 책을 출간하고 극동방송과 함께 함께하는 보람은 무엇입니까?

박성배	극동방송과 함께 성장해 왔고, 극동방송과 함께 책쓰기 코칭 사역을 할 수 있는 것이 영광입니다.

김혜미	어떤 분을 롤모델로 책쓰기 건축술 8단계를 하시는지요?
박성배	저의 책쓰기 건축술 8단계의 모델은 세계 최고의 건축 설계사로 평가받는 프랭크 로이드 라이트입니다. 그가 낙수장, 구겐하임 미술관 등 1,000여 개의 건축물을 설계했듯이, 저도 1,000여 권의 좋은 책 만드는 '책 건축가'가 되려고 합니다.

김혜미	현재까지 100여 권의 책을 만드셨는데, 본인이 생각할 때 가장 만족한 책쓰기 건축술 8단계로 만든 책은 어떤 책인지요?
박성배	영동극동방송에서도 낭독을 한《한국 교회의 아버지 사무엘 마펫》일 것 같습니다. 연세대 은사님이신 한국 최고의 교회사가께서 이 책을 보시고 "역사에 남을 책이다"라고 평가를 해주셨습니다.

김혜미	목회만 하시다가 지금은 책쓰기 건축술 8단계로 사역을 하시는데, 어떤 사역이 더 보람이 있으신지요?
박성배	목회는 설교 사역에서 보람을 느꼈고, 책쓰기 건축술 8단계로는 믿음의 사람들을 책쓰기로 세워가는 데 큰 보람을 느끼고 있습니다.

김혜미 책쓰기 건축술 8단계에서 가장 중요한 단계는 어느 단계입니까?

박성배 3번째, 4번째 단계인 '목차 만들기'입니다. 목차는 건축으로 보면 설계도입니다. 책쓰기 건축술에서도 목차 설계도를 잘 만드는 것이 제일 중요합니다.

김혜미 박성배 목사님의 책쓰기 건축술 8단계 이야기를 듣고 있습니다. 책쓰기 건축술 8단계 관련해서 더 하시고 싶으신 이야기는 무엇인지요?

박성배 결론이 '한 권의 책을 건축하는 것은 인생을 브랜딩하는 최고의 방법이다'입니다. 책쓰기 건축술로 책 한 권을 쓰는 것이 중요합니다.

김혜미 마지막으로 기도 제목을 나누어 주시기 바랍니다.

박성배 책쓰기 건축술 8단계로 좋은 책을 많이 만들고, 좋은 사람을 많이 세워가면서, 순수 복음 방송인 극동방송과도 계속 동역해 갈 수 있도록 기도해 주십시오.

박성배 책쓰기 건축술 8단계

"한 권의 책을 짓는 것은 인생을 건축하는 최고의 방법이다."
– 박성배, 《내 인생을 다시 쓰는 책쓰기》 중에서

▲ 책쓰기 구상하기 _ 한 권의 책을 꿈꾸며 구상하기
1단계 / 내 인생의 스토리를 담은 책을 써보라
2단계 / 내 인생을 대표하는 키워드를 찾아라

▲ 책쓰기 설계도 짜기 _ 튼실하고 알찬 설계도 짜기
3단계 / 독서 내공을 통한 좋은 목차를 만들어 보자
4단계 / 튼실하게 짜여진 콘텐츠 있는 목차를 확정하라

▲ 책쓰기 시공하기 _ 신뢰와 책임으로 시공하기
5단계 / 감동 스토리가 있는 저자 프로필과 프롤로그를 써라
6단계 / 한 권의 책쓰기는 한 꼭지 쓰기를 통해 시작된다

▲ 책쓰기 완공과 입주 _ 집중하여 완공하고 입주하기
7단계 / 집중도 높은 초고 완성을 위해 혼신의 정성을 다하라
8단계 / 책 출간으로 내 인생의 브랜드는 완성된다

<박성배 작가의 책쓰기 코칭> 이미지,
제작: 채평기(전 극동방송 홍보부장, 현 제주극동방송 지사장)

인천공항 신도시에 위치한 하나북스 사무실(대표 박성배)

왼쪽부터 강석진 목사, 안재영(영동극동방송 강릉 본부장),
임재형 PD(현 맹주완 사장 비서), 박성배 목사

(왼쪽) 김성현 영동극동방송지사장, 정선문 목사
(오른쪽) 박성배 목사, 김혜미 영동극동방송 방송부장, 김수빈 자매

왼쪽부터 박성배 목사, 임인채 목사, 손외식 강사, 김성현 지사장

Part 2.

박성배 목사의
책쓰기 코칭 인터뷰

대(代)를 이은 목회 사역으로
인생 꽃피다

대(代)를 이은 목회 사역으로 인생 꽃피다

김재민 목사, 김신회 목사, 김지회 박사와의 인터뷰

박성배   극동방송 애청자 여러분, 평안한 주일 보내고 계십니까? 〈박성배 목사의 책쓰기 코칭〉, 오늘은 대(代)를 이어 목회자의 가정으로 헌신하고 계신 아버지 김재민 원로목사님과 아들 김신회 목사님, 그리고 김지회 박사님을 모시고 이야기를 나누어 보겠습니다.

박성배   먼저 세 분께서 극동방송 애청자 여러분에게 인사를 나누어 주시기 바랍니다.

김재민   의정부시민교회 원로목사 김재민입니다. 두 아들과 함께 극동방송에서 신앙과 목회 이야기를 나눌 수 있어서 감사합니다.

김신회   김재민 목사님의 장남 김신회 목사입니다.

김지회   김재민 목사님의 차남 김지회 박사입니다.

박성배   오늘은 대(代)를 이어 목회자 가정으로 헌신하는 아버지 김재민 목사님과 두 아드님의 인생과 목회 이야기를 나누는 시간으로 함께 하겠습니다. 세 분께서 목회자의 가정으로 헌신하는 소감을 이야기해 주시기 바랍니다.

김재민	먼저 하나님의 은혜에 감사를 드립니다. 이 세상에 할 일은 수없이 많지만 가장 보람 있는 일은 '복음을 전하는 일'이라 생각하기에 너무나 감사하답니다. 저는 2019년 말에 은퇴하였지만 두 아들이 대를 이어 목회자의 길을 걷고 있어 너무 대견하고 감사하답니다.

큰아들은 2012년에 목사 안수를 받았고, 둘째 아들은 2013년에 목사 안수를 받았습니다. 큰아들은 예장 통합 측 대광교회에서 부교역자로 섬기며 담임목회를 준비하고 있습니다. 둘째 아들은 올 5월에 캐나다 맥마스터신학교(McMaster Divinity College)에서 신약학 박사학위를 받고 졸업하여 올 가을학기부터 에스라성경대학원대학교에서 강의를 맡게 되었습니다.

올해 두 아들을 위해 아내와 함께 기도하는 것이 순차적으로 응답되어 너무나 감사합니다.

김신회	저는 부모님의 서원 기도 가운데 태어났습니다. 아버지는 대학 시절 이미 저의 이름을 지어 놓으셨고, 부모님은 제가 목회의 길을 가도록 기도하면서 양육하셨습니다. 성장 과정 가운데 저는 대학 시절 예수님을 인격적으로 만났습니다. 군대 전역 후 잠시 진로에 대해 고민을 하는 시간이 있었지만 한 권의 책을 읽고 목사가 되기로 결단했습니다. 이후 수련회 가운데 하나님은 제가 결단하기 이전부터 저를 구별하여 부르셨다는 음성을 들려주셨습니다. 하나님의 부르심에 대한 확신을 가지고 신학을 공부하여 목사가 되었습니다. 저는 제가 하나님의 부르심

에 순종하여 사역하고 있다는 사실에 감사하고 있습니다.

김지회 아버지께서 말씀하셨듯이 형은 어릴 때부터 김 목사였습니다. 형이 이미 아버지의 대를 잇는 목사로 선정되었기 때문에 저는 목회에 대한 부담 없이 어린 시절을 보냈습니다. 그래도 목회하는 형을 재정적으로 도와야 한다는 이야기를 들었던 것 같습니다. 6학년 때 반에 있는 모든 친구들의 꿈을 테이프에 녹음한 적이 있는데, 그때 저의 꿈은 대기업 회장이었습니다. 그러다가 제가 목회의 길에 접어들게 되었는데, 아버지의 영향이 가장 컸다고 할 수 있습니다. 제가 앞길을 놓고 기도하고 방황하고 있을 때 아버지께서 목회를 추천하셨습니다. 그때 아버지는 "목회가 힘들고 고통스러운 길이지만, 가장 보람된 길이다"라고 말씀해 주셨습니다. 목회에 뜻이 없던 대학 시절 매 주일 저녁 아버지 설교에 대한 비평을 늘어놓곤 했습니다. 목회자가 되고 나서야 아버지의 목회가 보이기 시작했고, 지금은 목회자로서 아버지의 삶과 사역을 가장 존경하는 후배 목회자가 되었습니다.

박성배 김재민 목사님은 쓰신 책《책짓기 건축술》에서 만남의 은총을 중요시하는 삶을 살아오셨다고 하셨는데, 아버지 목사로서 아들은 어떤 '만남의 은총'입니까?

김재민 마르틴 부버는 《나와 너》에서 "온갖 참된 삶은 만남이다"라고 하였는데 지난 인생 여정을 돌아보면, 무수한 만남은 결코 우연이 아니라 필연임을 고백하지 않을 수 없습니다.

'은총(恩寵)'이란 하나님의 선물을 뜻합니다. 곧 예수 그리스도를 통해서 수여되는 하나님의 특별한 선물입니다. 저와 아내는 아들 둘에 딸 둘, 네 자녀를 낳기 원했는데 저희 세대는 두 자녀 이상은 낳지 못하는 때라 두 아들로 만족해야 했습니다.

제가 대학교에서 경영학을 전공하면서 3학년 때에 진로를 놓고 기도하는 중 목회자로 하나님의 소명을 받지 못해 교수가 되어 학생들을 가르치면서 복음을 전하기로 하고 고등학교 교사로 사회생활을 시작하였습니다. 대신에 결혼하여 아들을 선물로 주시면 목회자로 키우겠다고 서원하고 이름을 지었습니다. 큰아들 이름은 김신회입니다. 안동김씨의 항렬을 따르다 보니 아들 때의 항렬은 마지막이 모을 회(會)여서 가운데 이름을 믿을 신(信)으로 하여 '믿음을 모으는 사람' 곧 목회자가 되도록 기도하며 양육하였습니다. 1974년 때이니 만 50년이 되었습니다. 둘째 아들의 이름은 김지회입니다. 가운데 이름은 뜻 지(志)입니다. 이는 함석헌 선생의 '뜻으로 본 한국역사'에서 그 '뜻'이 하나님의 뜻임을 알고 '하나님의 뜻을 모으는 자'가 되어 형의 목회를 도와줄 것을 위해 기도하였는데 둘째 아들은 고1 때 수양회를 다녀와 자신도 하나님을 만났고 어떤 식으로든 하나님을 섬기겠다고 서원했다고 들었습니다. 군 제대할 때쯤 미래에 대해 고민하는 아들에게 목회의 길을 권유하였고 아들도 하나님의 뜻이라고 믿고 따라서 목회자가 되었습니다.

저는 고등학교에서 학생들을 가르칠 때 결혼하고 두 아들을 선물로 받았습니다. 교사의 일로 바쁘게 생활하였고, 목회자로 부름받고 공부하고 부교역자로 사역하느라 두 아들의 어린 시절을 잘 돌보지 못했지만 저희 아내가 기도하면서 잘 양육하였기에 두 아들이 성장하면서 우리 부부의 마음을 힘들게 한 것이 거의 없었습니다. 정말 특별한 하나님의 사랑 가운데 두 아들을 만났으니 만남의 은총입니다.

박성배   두 아드님은 아버지와 목사의 아들로서의 만남은 어떤 '만남의 은총'입니까?

김신회   아버지와의 만남은 하나님이 저에게 주신 특별한 선물입니다. 저는 제가 쓴《사람을 키우라》라는 책에 "나의 최고의 멘토는 아버지 김재민 목사님과 어머니 박영순 사모님이시다"라고 기록하였습니다. 저는 부모님을 진심으로 존경합니다.

부모님은 소문난 잉꼬부부로 행복한 가정의 울타리를 만들어 주셨습니다. 아버지가 베풀어 주신 사랑을 통해 아버지 하나님의 사랑이 무엇인지 알게 하셨습니다. 부모님은 넉넉하지 못한 환경 가운데서도 저를 목사로 준비시키기 위해 다양한 경험을 할 수 있는 기회를 열어주셨습니다.

또한 좋은 분들과의 만남을 주선해 주셔서 제가 성장하는 데 큰 도움을 주셨습니다. 사역적으로는 한 영혼 한 영혼을 사랑으로 돌보고 양육하시는 사람을 키우는 모본을 보여주셨습니다. 아버지가 목회하시던 교회 현장을 가까이에서 보며 목회의 실제를 경험하며 목회를 이해할 수 있었습니다. 목사 아버지와의 만남은 제가 목회사역을 하는 데 큰 도움이 되고 있습니다.

김지희 아버지는 어릴 때부터 만남에 대해 강조하셨습니다. 그래서 저는 새로운 사역지, 학교에 갈 때마다 꼭 좋은 친구를 만나게 해달라는 기도를 드립니다. 하나님께서 신실하게 이 기도에 응답해 주셔서 저는 가는 곳마다 보물과 같은 분들을 많이 만났습니다. 그래서 저는 대학에 가거나 직장 때문에 이동하는 청년들에게 꼭 이 기도를 추천합니다. 아버지를 통해 '만남의 은총'을 배웠고, 저도 그 은혜를 누렸기 때문에 자신 있게 권할 수 있었던 것 같습니다.

박성배 김재민 목사님은 원로목회자로서 두 아들에게 이러한 목회자, 이러한 교수가 되었으면 좋겠다는 생각을 방송을 통해서 말씀해 주실 수 있을까요?

김재민 총회 헌법 제5장은 목사에 관한 규정을 다루고 있는데 그중 제24조는 목사의 의의를 다음과 같이 규정하고 있습니다.

① 목사는 예수 그리스도의 양인 교인을 양육하는 목자이며

② 목사는 그리스도를 봉사하는 종 또는 사자이며

③ 목사는 모든 교인의 모범이 되어 교회를 치리하는 장로이며

④ 목사는 그리스도의 말씀으로 교인들을 깨우치는 교사이며

⑤ 목사는 구원의 복된 소식을 전하는 전도인이며

⑥ 목사는 그리스도의 설립한 율례를 지키는 자인고로

　하나님의 도를 맡은 청지기이다.

그리고 제25조는 목사의 직무에 관해 "목사는 하나님의 말씀으로 교훈하며, 성례를 거행하고, 교인을 축복하며, 장로와 협력하여 치리권을 행사한다"라고 규정하고 있어 항상 기본에 충실하기를 바랍니다.

목회자는 정말 다양한 일들을 감당해야 합니다. 그중 제일 어려운 일이 인간관계인 것 같습니다. 장로님들을 비롯하여 교회의 중직자들 그리고 교인들 개개인의 형편을 잘 파악하고 이해하여 저들의 마음을 바르게 이해해 주고 목회에 협력할 수 있도록 하여야 목회자가 목표하고 계획한 일들을 이루어 갈 수 있음을 알고 목회하기를 바랍니다.

그리고 전도에서부터 시작하여 새신자 양육과 믿음의 성장을 통해 온전한 그리스도의 제자가 되어 또 제자를 삼아 양육할 수 있는 성숙한 교인으로 세울 수 있도록 목회의 과정을 분명하게 가지고 단계적으로 교육하고 훈련하도록 목회하기를 바랍니다. 그리고 교인 개개인이 교회

력을 따라 살아가면서 성경 말씀을 묵상(QT)하여 함께 나눌 수 있도록 하기를 바랍니다.

특히 어린이로부터 청년의 시기에 믿음으로 잘 성장할 수 있도록 온 교회가 관심을 가질 수 있도록 목회하기를 바랍니다. 그리고 교회의 역사를 잘 정리하고 이어갈 수 있도록 교적부를 비롯한 주보, 요람 등 각종 서류들을 잘 관리하여 가기 바랍니다.

신학교에서 성경을 좀 더 깊이 있게 가르치기를 원하는 둘째 아들에게는 먼저 하나님의 말씀을 보다 깊이 꾸준히 연구해 가며 기독교 진리에 나타나는 하나님의 사랑의 삶을 실천하고, 교회와 사회의 여러 상황에 실제적인 대안을 제시함으로써 하나님의 나라가 확장되는 일에 기여할 수 있기를 기대합니다.

박성배 김신회 목사님은 아버지의 삶과 목회에서 가장 많이 배운 점이 무엇인지요?

김신회 사랑을 배웠습니다. 아버지는 사랑의 삶을 사셨습니다. 하나님을 사랑하셨고, 가정을 사랑하셨고, 교회를 사랑하셨습니다. 하나님을 사랑하셨기에 하나님 앞에 청지기로서 자신의 삶을 철저하게 관리하셨습니다. 아버지는 언제나 기본기를 강조하셨고 성실하고 진실하게 살아가는 모범을 보여주셨습니다. 무엇보다도 설교하신 말씀과 행동이 일치되는 삶을 사셨습니다.

아버지는 사랑의 분위기로 가정을 이끌어 오셨습니다.

어려서부터 아버지의 사랑을 경험하며 살아왔습니다. 아버지는 우리 가정뿐만 아니라 부모님과 형제들 그리고 조카들까지도 사랑으로 품으시며 살아오셨습니다.

또한 아버지는 교회를 사랑하셨습니다. 특별히 아버지는 성도들을 예수님의 제자로 세우는 데 관심을 가지고 목회하셨습니다. 그것을 위해 교회 안에 양육체계를 세우고 가르치는 것에 관심을 가지셨습니다. 아버지는 뚝심을 가지고 한 번 옳다고 생각되는 것이 있으면 어떤 상황에도 흔들리지 않고 꾸준히 실천하셨습니다. 화려하지는 않지만 사랑의 삶으로 하나님 앞에 아름다운 인생을 살아오신 것 같습니다(벧전 2:20). 아버지의 삶과 사역을 통해 사랑을 배웠고 저도 그러한 삶을 살아가길 소망합니다.

박성배   김지회 박사님은 여러 해 동안 외국에서 공부하여 박사학위를 받고, 이번에 에스라성경대학원대학교에서 강의를 시작하게 되셨는데, 외국에서 박사학위를 받은 과정과 이번에 교수로 들어오게 된 소감을 이야기해 주시기 바랍니다.

김지회   저는 형처럼 어려서부터 목회자로 잘 준비된 사람이 아니었습니다. 군대 전역하기 전 목회를 결심했는데 아는 학교가 아버지가 나오신 장로회신학대학밖에 없어서 별 고민 없이 그곳에 지원하고 하나님 은혜로 입학했습니다. 하지만 3년이라는 시간 동안 배워야 할 과목이 너무 많아서 정작 졸업할 즈음 성경에 대한 갈증이 있었습니다. 그러다가 에스라성경대학원대학교에 대해 알게 되었고 그곳에서 2년을 공부하면서 목회자들의 지속적인 성경재교육의 필요성을 깨닫고 유학의 길에 올랐습니다. 양용의 교수님의 추천으로 캐나다 맥마스터의 총장이자 신약분과 학장인 스탠리 포터(Stanley E. Porter) 교수님에게 배울 기회를 얻게 되었고, 석사와 박사 과정을 마쳤습니다. 그러다가 이번에 귀국하게 되면서 때마침 에스라성경대학원대학교에서 일반서신 강의자를 구했고, 제 전공이 야고보서와 일반서신 쪽이어서 기회를 얻게 되었습니다. 성경을 연구하는 문학적 기법 중에 '인클루지오(Inclusio)'라는 것이 있는데 처음과 끝에 같은 내용이 반복되면서 전체 내용을 감싸는 구조를 말합니다. 에스라성경대학원대학교에서 시작된 꿈이 다시 에스라성경대학원대학교에 돌아오면서 펼쳐지게 되어서 저도 매우 놀랍고 하나님이 하실 일들에 대한 기대가 커지고 있습니다.

박성배 《사람을 키우라》를 쓴 장남 김신회 목사님이 담임목회를 시작하게 되었고, 둘째 아들 김지회 박사는 교수로서 일을 시작하게 되었는데, 김재민 목사님께서 아버지로서 덕담을 한마디 해주시기 바랍니다.

김재민 저는 46세에 담임목회를 시작하였습니다. 교사로 10년 봉직하고 37세에 신대원에 입학하여 공부를 마치고 7년간 부교역자로 사역하고 담임목회를 하게 되었습니다.

이에 비해 큰아들은 목사 안수를 받은 지 12년이 지났고 부교역자로 14년 동안 훈련받았으니 저에 비하면 너무나 잘 준비가 되었다고 생각합니다. 모쪼록 그동안 받은 훈련과 꾸준한 노력으로 목회해 나갔으면 좋겠습니다. 그리고 각 방면의 독서를 통해 교인들 개개인의 형편을 잘 이해해 주며 성숙한 그리스도의 제자로 양육해 가기를 부탁합니다.

둘째 아들은 신대원을 졸업하고 부교역자로 사역하면서 에스라성경대학원대학교에서 성경 공부를 한 후, 공부에 대한 깊은 열정을 가지고 캐나다로 2014년 7월에 유학을 떠나 코로나로 인해 만 10년 동안 교회에서 교육목사로 사역하며 어려운 공부를 잘 마쳤습니다.

점점 신학교 입학생이 감소하고 있는 이때, 교수의 길을 가는 것이 쉽지 않다는 사실을 분명하게 알고 가르치는 일을 감당하기를 바랍니다. 하나님의 일은 무엇을 하든지 쉬운 일이 없습니다. 중요한 것은 자신이 정말 보람 있는 하나님의 일에 전심전력하는 것임을 늘 기억하며 사역하기를 바랍니다.

박성배 대(代)를 이어서 목회자 가정으로 살아간다는 것이 주는 제일 큰 복은 무엇이라고 생각하십니까?

김재민 교인들이 그리스도의 제자로 성숙한 삶을 살아가는 것을 바라보는 것만큼 보람 있는 일이 없는 것 같습니다. 그리고 이를 통해 얻는 마음의 평안과 가정의 행복입니다.

주어진 생을 보람 있게 살아간다는 것은 무엇보다 나의 생명의 주가 되시는 하나님의 사랑을 깨닫고 예수님과 성령님을 인격적으로 만났을 때 나에게 주어진 사명을 깨닫고 그 사명을 감당하기 위해 살아가는 것입니다. 저는 교사의 일도 해보았지만 제일 보람 있는 일은 목회자로 복음을 전하며 한 사람 한 사람이 성숙한 그리스도의 제자가 되어 살아가는 모습을 바라보는 것입니다.

김신회 저는 삶과 사역에 있어서 하나님의 은혜를 많이 경험하고 있습니다. 저는 많이 부족한데 귀한 배우자를 만나 아름다운 가정을 이루게 하셨고, 다양한 배움의 기회와 사역의 기회를 주셨습니다. 하나님의 선하신 인도하심의 손길을 중요한 순간마다 경험하며 살아가고 있습니다. 이 모든 것이 부모님께서 저를 위해 기도해 주신 것과 하나님 나라를 위하여 신실하게 헌신하신 것에 대해 하나님께서 내려주신 복이라고 생각합니다.

김지회 무엇보다 아버지와 형과 같은 길을 걷는다는 것이 제일 큰 복이라고 생각합니다. 서로 이해할 수 있고, 배울 수 있고, 기도할 수 있기 때문입니다. 제가 10년 동안 캐나다에 있으면서 두 교회에서 청소년부를 섬겼는데, 제 잘못인지 모르겠지만 목회자가 되겠다는 소명을 가진 친구가 단 한 명도 없었습니다. 많은 분들은 목회자의 길이 고단하고 힘들다고만 생각하십니다. 당연히 맞습니다. 하지만 저는 목회자에게 주시는 하나님의 은밀한 도움이 있다는 사실을 아버지와 어머니의 삶을 통해 깨달았고, 지금 제 삶에도 일하고 계신 하나님 때문에 감사한 하루하루를 보내고 있습니다. 그래서 저희 아내는 아직 반대하지만 저는 제 아들이 꼭 목회자가 되었으면 좋겠습니다. 그래서 저는 가끔 설교 중에 성도들에게 자녀들을 목회자로 서원하고 기르기를 추천하기도 합니다.

박성배 김재민 목사님은 두 아들의 자녀들도 목회자가 되기를 소망하고 기도하고 계신 것으로 알고 있습니다. 한 말씀 해주시지요?

김재민 저의 주변에 3대가 목회를 하는 가정을 바라보면 부럽습니다. 저의 후임 목사는 3대째 목사 가정으로 목회를 잘하고 있어 참으로 든든합니다. 저도 손주가 목사 안수받는 것을 볼 수 있도록 생명을 연장시켜 달라고 하나님께 기도하고 있습니다. 저의 두 아들 가정엔 손녀, 손자, 손녀, 손자를 두었습니다. 지난해 둘째 아들 생일에 전화를 통해 저의 둘째 손주가 커서 목사가 되겠다는 이야기를 해서 너무나 감사했습니다. 큰아들네 손자는 아직 생각이 없는 것 같은데 기도하면서 기다립니다. 요즈음 100세 시대를 이야기하고 있으니 제가 100세까지 생명을 연장받을 수 있다면 저의 기도가 응답될 것이라 확신합니다. 3대뿐 아니라 목회자의 가정으로 대를 이어가는 하나님 주시는 복을 소망하고 있습니다.

박성배	마지막으로 세 분의 기도 제목을 나눠 주시기 바랍니다.
김재민	은퇴를 한 지 벌써 5년째입니다. 두 아들이 목회의 길을 걷고 있기에 가장 중요한 기도 제목은 두 아들이 목회자로 자리를 잡고 목회하는 행복한 가정의 모습을 보게 해 달라는 것입니다.

그리고 중요한 기도 제목은 저의 아내와 제가 영, 혼, 몸이 건강하여 자녀들에게 본이 되는 삶을 살아갈 수 있기를 위해 기도하고 있습니다.

그리고 제가 목회한 의정부시민교회 역사가 62년이 되었는데 제가 확인한 목회자가 30명이고 목회자 아내가 8명입니다. 제가 시무하는 동안 16명이 목회자가 되었습니다. 바라기는 이 모든 가정이 하나님의 나라 확장에 귀하게 쓰임받게 되기를 기도합니다.

김신회 저는 올해 4월 부목사로서 책을 냈습니다. 지금까지 저의 삶과 사역을 정리하는 책이었습니다. 책을 출간하고 담임목사 임지에 대해 기도를 본격적으로 시작하였습니다. 저는 임지에 대한 주권을 온전히 하나님께 맡겨드렸습니다. 하나님께서 보내시는 임지라면 어느 곳이든지 그 교회에서 사역하겠다고 기도해 왔습니다. 감사하게도 최근에 한 교회로부터 부르심을 받았습니다. 기도에 대한 응답으로 믿고 절차를 밟아가며 담임목회 사역을 준비하고 있습니다. 하나님의 부르심에 합당하게 잘 사역하는 것이 저의 기도 제목입니다.

김지회 제가 영적으로 많이 의지하고 배운 전도사님이 계십니다. 박사 디펜스(박사학위 논문 발표)를 마치고 연락드렸더니 하나님은 손해 보지 않으시고 계산이 철저한 분이라고 하시면서, 이제 하나님이 자유롭게 쓰시도록 내어드리고 순종하라고 말씀해 주셨습니다. 제가 공식적으로 박사과정을 마친 날, 그동안 후원해 주신 분들께 감사의 메시지를 전하며 페이스북에 이런 기도 제목을 올렸습니다. "하나님, 본전 찾아가세요. 하나님은 절대 손해 보는 분이 아닌 줄 믿습니다. 저에게 투자하신 만큼 이자 두둑하게 쳐서 본전 찾아가세요." 지난 10년 동안 저에게 꾸준히 후원해 주신 한 집사님께서 이 기도를 한 마디로 정의해 주셨는데, 그게 "하나님, 막 쓰세요"였습니다. 그래서 하나님이 필요한 곳에서 쓰고 싶으신 대로 마음껏 쓰임 받는 것이 제 기도 제목입니다.

방송 녹음 중(왼쪽부터 김재민, 김지회, 김신회, 박성배)

2024년 10월, 영동극동방송에서 방송 녹음 후에
(왼쪽부터 김지회 박사, 김재민 목사, 김신회 목사)

은퇴 후 더 행복한 삶으로 인생 꽃피다

김재민 목사, 박영순 사모와의 인터뷰

박성배　극동방송 가족 여러분, 한 주간도 평안하셨습니까? 오늘은 의정부시민교회 김재민 원로목사님과 박영순을 사모님 모시고 출간하신《책짓기 건축술》의 내용을 중심으로 이야기를 나누어 보겠습니다.

박성배　먼저 김재민 목사님부터 극동방송 가족들에게 인사를 나누어 주시기 바랍니다.

김재민　극동방송 가족 여러분 반갑습니다. 저는 의정부시민교회 원로목사 김재민입니다.

박영순　박영순 사모입니다. 극동방송 가족 여러분 반갑습니다.

박성배　김재민 목사님은《책짓기 건축술》에서 '만남의 은총' 이야기를 쓰셨는데, 인생과 목회 여정에서 어떤 만남의 은총이 있으셨는지요?

김재민　저의 인생의 키워드(핵심 주제)는 '만남의 은총'입니다. 여기서 은총(恩寵)이란 하나님의 선물을 뜻합니다. 곧 '만남 가운데 경험한 하나님의 사랑과 은혜'입니다. 예수 그리스도를 통해서 받게 된 하나님의 특별한 선물, 곧 하나님으로부터 받은 사랑의 돌봄입니다.

저는 믿음의 삶을 살아오며 목회 여정을 통해 귀하게 만난 것을 네 가지로 정리해 보았습니다.

첫째는 가정을 통해 만난 믿음입니다.

둘째는 주님 안에서 삶에 임한 만남들입니다.

셋째는 평생을 함께할 소중한 배우자인 아내와의 만남입니다.

넷째는 하나님께서 목회자로 성숙하도록 이끄신 만남들입니다.

박성배   만남의 은총에 대한 구체적인 이야기를 해주시기 바랍니다.

김재민   첫째는 가정을 통한 믿음의 만남입니다. 할머님께서 복음을 처음 받아들이셔서 믿음의 가정이 되어 부모님과 3남 3녀의 형제자매들과 자녀들, 그리고 손주들까지 5대째 믿음을 이어가고 있습니다.

둘째는 주님 안에서 살아오는 가운데 임한 만남은 은총입니다. 믿음의 환경에서 이탈하지 않고 살아오면서 만난 믿음의 사람들을 통해 하나님께서 베풀어주신 은총들입니다.

셋째는 평생을 함께할 소중한 배우자인 아내와의 만남입니다. 동료 교사의 소개로 만나 첫눈에 반해 1년여 동안 열심히 노력하여 결혼하게 되었고 45년을 살아왔습니다. 하나님께서 두 아들을 선물로 주셨는데 두 아들이 다 목사가 되었습니다. 큰 자부는 파이프 오르간을 전공하였고, 둘째 자부는 비올라를 전공하였습니다. 두 아들네 모두 딸, 아들을 낳아 잘 양육하고 있습니다. 정말 행복하게 살아가고 있습니다.

넷째는 하나님께서 목회자로 성숙하도록 이끄신 만남의 은총입니다. 대학을 졸업하고 서울에서 10년 동안 고등학교에서 교사로, 교회에서는 6년 동안 고등부 교사로 봉사하다가 하나님의 부르심을 받고 장로회신학대학교 신학대학원에 입학하여 공부하였습니다. 우리나라의 어머니 교회인 새문안교회에서 중등부 교육전도사로 2년 동안 사역하였고, 신대원을 졸업한 후에는 상도동에 있는 상도교회에서 7년동안 전임전도사와 부목사로 사역하였습니다. 의정부시민교회에 부임하여 24년을 목회하는 동안 훌륭하신 믿음의 선후배들과 목사님들을 만나는 가운데 목회자로 성숙해 갈 수 있도록 베풀어 주신 하나님의 사랑과 은혜입니다.

박성배   박영순 사모님은 '나의 영적 어머니'라는 글을 쓰셨는데, 그 내용을 소개해 주시지요?

박영순   저는 '나의 영적 어머니'라는 주제로 제가 살아오면서 어떻게 신앙생활을 했는지를 기록하였습니다. 대학 졸업 후 강원도 영월에서 음악교사로 학생들을 가르치면서 영적으로 잘못된 학생을 신앙으로 돌본 이야기와 지금의 남편을 만나고 신혼생활 중에 전도하고 이웃을 돌본 이야기와 저의 신앙생활을 이끌어 주셨던 고 안춘봉 전도사님에 대한 이야기를 기록하였습니다.

저의 고향은 김천인데 시청에 봉직하시면서 과수원과 농사일을 하시는 근면하신 아버님과 현모양처로서 할머님과 증조할머님을 모시고 큰 규모의 살림을 감당하시는 어머니의 사랑을 받는 가정에서 2남 4녀의 장녀로 태어났습니다. 할머님은 부모님이 장로님과 권사님이셨는데 철저한 불교 가정으로 시집을 오셔서 교회를 나가실 수 없었습니다. 그런데 제게는 어릴 때부터 사촌 언니의 등에 업혀 교회를 다닐 수 있도록 아버님께서 허락해 주셨습니다. 그러나 마음 놓고 신앙생활을 할 수 없었습니다. 중학교 때 고향을 떠나 대학교까지 믿지 않는 두 분의 고모님 댁과 두 분의 작은아버지 댁을 전전하면서 살았기에 마음 놓고 교회에 다닐 수 없었습니다. 그럼에도 신앙생활을 열심히 하며 하나님을 믿는 사람을 만나 결혼할 것을 기도하는 중에 지금의 남편을 만나 결혼하게 되었습니다. 늦게 신학을 공부하게 된 남편을 내조하면서 경제적인 면을 책임지며 두 아들을 양육하였고, 남편이 목회하는 동안도 열심히 목회사역을 도우며 살아왔습니다.

박성배 박영순 사모님의 영적 어머니는 어떠한 분이셨는지요?

박영순 저의 영적 어머니인 안춘봉 전도사님은 제가 대학교를 졸업하고 영월에 교사로 부임하기 전에 피아노학원에서 만나게 되었습니다. 그리고 결혼하고 다시 연락하여 한 달에 한 번 정도 저희 집을 방문하여 예배를 드렸습니다.

예배 후에는 신앙생활과 가정생활 등에 대한 좋은 이야기를 나누면서 많은 도움을 받았습니다.

안 전도사님께서는 여러 믿음의 가정들을 심방하며 신앙생활에 도움을 주셨고, 개척교회들을 돕는 일에도 많은 도움을 주셨습니다. 그래서 저도 제가 아는 교사들과 친구들을 모아 열심히 도와드렸습니다.

기도팀과 함께 집 주위에 있는 개척교회들을 돌아가면서 기도하는 중에 교회가 필요한 물품들도 헌물했습니다. 남편이 신학을 공부하고 부교역자로 교회사역을 할 때는 안 전도사님을 따라 8년 동안 밤에 삼각산에 올라가 밤을 새우며 남편의 목회를 위해 기도하였습니다.

박성배   김재민 목사님은 평생을 목회하시면서 만남의 은총에 대해서 쓰셨는데, 가장 중요한 만남인 예수님과의 만남은 언제 어떻게 이루어지셨는지요?

김재민   모태신앙으로 신앙생활을 하면서 자라왔지만 예수님을 인격적으로 만나게 된 것은 1973년 군 복무를 마치고 대학에 복학하기 전 정동에 있는 한국대학생선교회(CCC)에서 실시한 수련회에서 '사영리'를 암송하면서부터였습니다. 대학 3학년 때 진로를 놓고 기도하는 중에 나의 삶에 대한 8가지 생활신조를 정리하면서 신앙의 삶을 결단하게 되었습니다. 8가지 생활신조는 다음과 같습니다.

① 하나님을 사랑하고, 이웃을 사랑하고, 일을 사랑하자.

② 예수님처럼 생각하고, 생활하고, 사랑하자.

③ 신념을 갖자, 실천하자, 그리고 기도하자.

④ 생명을 값있고, 보람 있고, 소중하게 살자.

⑤ 몸과 마음과 생각이 함께 뛰는 삶을 살자.

⑥ 겸손하고, 검소하고, 진실되게 살자.

⑦ 냉철하게 생각하는 머리, 멀리 보는 눈, 진실을 말하는 입, 역사의
소리를 듣는 귀, 창조하는 손, 성실하고 따뜻한 마음을 갖자.

⑧ 너는 오늘 이웃을 위하여 무엇을 생각하였고, 무엇을 이야기하였
고, 무엇을 행하였느냐?

박성배 박영순 사모님은 언제 영적 체험을 하셨나요?

박영순 처음 영적 체험을 한 것은 초등학교 4학년 때입니다. 그
때 어머님께서 장티푸스를 앓으셨는데 약을 달여드리는
일을 제가 맡았습니다. 약을 달일 때 '우리 엄마 낫게 해
주세요'를 '바를 정(正)' 자를 써가면서 기도하였고, 어머
니에게 약을 가져갈 때 약사발을 들고 기도하고 있으면
할머니께서 빨리 가져가지 않는다고 야단을 쳐서 빨리
기도하다 보면 내가 알지 못하는 말이 튀어나왔습니다.
그것이 방언인 것을 나중에서야 알게 되었습니다. 그리
고 밤에 교회에 가서 어머니를 살려달라고 기도할 때 강
대상 십자가에서 빛이 환하게 비쳐 놀라 밖으로 뛰쳐나
왔는데 그 이후로 어머니의 병이 차츰 회복되었습니다.

박성배 만남의 은총을 소중히 여기며 목회해 오신 김재민 목사

님, 박영순 사모님과 대화를 나누고 있습니다. 아드님이신 김신회 목사님이 쓰신 《사람을 키우라》에 보면 아버지, 어머니를 만난 것을 인생의 가장 큰 은총으로 꼽고 있던데, 대(代)를 이어서 목회자의 길을 걸어가고 있는 아들은 어떻게 귀한 사역자로 키우셨는지요?

김재민   큰아들 신회의 이름은 제가 대학 3학년 때 진로를 위해 기도하는 중에 지었습니다. 제가 경영학을 공부하고 있었는데 대학 3학년이 되니 고민이 되었습니다. 공부한 대로 진로를 선택한다면 기업체에 들어가 직장생활을 하며 살아야 하는데 마음이 내키질 않았습니다. 신앙생활을 잘하면서 살아가려면 목회자가 되는 것은 어떠할까? 그런데 하나님의 부르심이 없었습니다. 그러면 대학교수가 되어 학생들을 가르치면서 복음을 전하는 삶을 살아보자는 다짐을 하고 경제적인 준비를 위해 마침 교직과목을 이수하고 있었기에 고등학교 교사가 되기로 다짐하고 준비를 시작하였습니다. 그대신 서원기도를 하였습니다. 내가 목회자의 길을 가지 못하지만 결혼하여 아들을 선물로 받게 되면 하나님의 일을 하는 목회자로 키우겠다는 다짐으로 아들 이름을 지었습니다. 아들 이름은 안동김씨의 돌림자가 마지막이 '모을 회(會)'인지라 가운데를 '믿을 신(信)' 자를 넣어 '신회', 곧 '믿음을 모으는 사람'으로 짓고, 결혼하고 아내에게 이야기해 태중에서부터 '신회'로 부르며 기도하였고, 자라는 가운데도 늘 이름에 관해 이야기하면서 양육하였습니다.

저의 가정은 할머님댁에서 전의 성결교회가 시작되었기에 대학 때까지 성결교회에서 신앙생활을 하였습니다. 대학 졸업을 앞두고 친구를 따라 새문안교회로 나가게 되었기에 아들들은 새문안교회에서 유아세례를 받고 입교도 하였고, 고등학교를 졸업할 때까지 새문안교회에서 자랐습니다. 그리고 제가 은평구 신사동에서 살면서 기독교학교인 숭실고등학교에서 교사로 봉직하였기에 제가 학교를 떠나 신대원에 입학한 후에도 큰아들은 숭실고등학교에 배정받아 다녔습니다. 목회자의 길을 가지만 신학교에 바로 가지 않고 숭실대학교 경영학과에 입학하여 다닌 것이 큰아들이 배움과 인간관계의 폭을 넓히는 데 도움이 된 것 같습니다. 그리고 아내는 늘 기도하면서 어릴 때부터 "김신회 목사님"이라고 불러주었습니다. 신회는 어려서부터 당연히 목사가 되는 것을 목표로 하면서 자랐습니다. 군 복무를 마치고 대학에 복학하기 전 캐나다에 어학연수를 하면서 목회자가 되기를 결단하였고, 카자흐스탄에 가서 1년 동안 김삼성 선교사님으로부터 제자훈련을 받으면서 "너는 나실인"이라는 하나님의 음성을 듣기도 하였답니다. 제가 사역자로 키웠다기보다 신회 자신이 어려서부터 자신의 정체성을 목사로 인식하고 때로는 고민도 하였지만, 하나님께서 잘 훈련시켜 주셨기에 제자훈련에 대한 많은 배움과 경험을 하면서 목회를 길을 가고 있습니다.

박성배	박영순 사모님은 아들이 태중에 있을 때 서원기도를 하신 거로 알고 있는데, 아들 김신회 목사는 잘 순종해서 목회자의 길을 가게 되었나요?
박영순	네, 제가 결혼하기 전에 남편이 목회자가 되는 모습을 하나님께서 보여주셨기 때문에 결혼을 하고 남편으로부터 아들을 선물로 받게 되면 목회자로 키우겠다고 서원하였다는 것을 자연스럽게 받아들였습니다. 태중에 있을 때도 이를 위해 많이 기도하였고, 어릴 때도 동생과 함께 예배를 인도하는 것을 돌아가면서 경험하게 하여 자연스럽게 목회자의 길을 가도록 이끌어 주었습니다. 신회는 자라나면서 자신이 왜 목사가 되어야 하는지에 대한 고민을 저에게 이야기한 적은 없었지만, 스스로는 몇 차례 이를 위해 고민한 것 같습니다. 이제 40대 중반이 되어 목회자로 잘 훈련을 받고 주변으로부터도 목회를 잘하고 있다는 이야기를 듣게 되어 감사할 따름입니다.
	요즈음 젊은 목회자들이 많은 고민을 하는 것을 듣기도 하고 보기도 합니다. 그러나 저희 큰아들은 하나님의 부르심에 응답하였고, 받은 사명을 잘 감당하며 살아가고 있습니다. 어려서부터 저나 남편의 마음을 아프게 하고 힘들게 하는 모습을 보이지 않았습니다.
김재민	제가 의정부시민교회에 부임할 때 큰아들이 고1, 둘째가 중2였는데 서울 이모 가정에 맡겨두고 들어와서 염려도 하였지만, 학교생활이나 신앙생활을 잘하였고, 대학에 들어가면서부터는 저의 목회를 여러 면에서 도와주어서

항상 큰 힘이 되었습니다.

박성배 김재민 목사님은 오랜 기간 목회를 하셨는데, 후배 목회자들에게 꼭 하시고 싶은 말씀은 무엇입니까? "목회를 해보고 원로가 되어보니 이런 것이 제일 중요하더라"는 이야기를 해주시기 바랍니다.

김재민 무엇보다 성경 말씀을 잘 깨닫고 말씀을 설교하는 일입니다. 무엇보다 성경 말씀을 깊이 깨달아 가야 합니다. 예배만으로는 성도들의 신앙을 성장시키기 어렵습니다. 한 사람의 성숙한 신앙인으로 자라게 하기 위한 교육과정이 필요합니다. 전도에 필요한 교육, 등록한 새신자들의 기초 교육, 기독교 교리에 대한 교육을 비롯하여 인격적으로 하나님, 예수님, 성령님을 만날 수 있는 교육 등을 통해 다른 성도들을 돌볼 수 있도록 성숙시키는 교육과정이 있어야 합니다.

박성배 박영순 사모님은 사모로서 일평생 살아오셨는데, 무엇이 제일 중요합니까?

박영순 무엇보다 기도가 제일 중요합니다. 목회하는 남편을 내조하는 일은 정말 힘이 들었습니다. 설교를 준비할 때는 말 한마디 하기도 어렵고, 집안 정리할 때도 큰 소리를 낼 수 없었죠. 교인들에게 들은 이야기를 그대로 남편에게 전하지도 못해 답답할 때가 많았습니다. 그럴 때는 금식기도를 하면서 힘을 얻었습니다. 교인 중에는 교육관에서 밤을 지내며 기도하는 권사님들이 계셨는데 그분들과 함께 기도하면서 교회의 문제점들을 해결할 수 있었습니다. 그리고 목사님의 목회를 위해 어른 중보기도팀과 청년기도팀을 통해 꾸준히 기도하였습니다.

박성배   김재민 목사님은 현재 의정부시민교회 원로이신데, 원로 목사와 후임 목사의 관계는 어떻게 하는 것이 제일 좋은 가요?

김재민   은퇴한 지가 벌써 5년이 되었습니다. 후임 목사가 목회를 잘하고 있어 감사합니다. 원로목사는 후임 목사님이 목회를 잘할 수 있도록 기도하는 것밖에 없는 것 같아요. 저도 선임 목사님이 원로목사님이셨는데 11년을 모셨습니다. 제가 목회할 때는 원로목사님께서 한 달의 마지막 주일 2부 예배 설교를 하실 수 있도록 하였었는데 저는 그렇게 하지 않고 있습니다. 교회 일에 대해 후임 목사님이 상담해 올 경우가 아니면 후임 목사님의 목회에 대해 믿음을 가지고 지켜보는 것이 좋은 것 같습니다.
저희 교회 후임 목사님은 명절 때나 생일이 되면 꼭 방문해 주고 종종 함께 식사 모임도 갖습니다. 저희가 목사님과 교회 직원들에게 음식 대접을 하며 격려하기도 합니다.

박성배   《책짓기 건축술》을 출간하시고, 아들 김신회 목사님에게도 책을 써보라고 권하신 것으로 알고 있습니다. 어떤 마음으로 아들에게 책쓰기를 권하셨는지요?

김재민　CBS 방송아카데미에서 윤학렬 교수님과 박성배 목사님이 시작한 책쓰기 코칭 1기를 수료하고 열 사람이 모여 함께 출간한 책이 《책짓기 건축술》입니다. 원래는 목회 은퇴를 앞두고 자서전을 쓸 생각을 하고 있었는데, 준비하는 마음으로 《책짓기 건축술》에 동참하고 나서 의미 있게 살기 위해서는 책을 쓰는 것이 참으로 중요한 일임을 깨닫게 되었습니다. 살아온 삶을 정리하는 자서전도 중요하지만 지금 내가 하고 있는 일과 앞으로 어떠한 삶을 살 것인가에 대해, 특히 목회자로서 어떻게 목회를 할 것인가에 대해 정리해 본다는 것이 너무나 중요한 것임을 깨닫고 아들에게 책쓰기를 권하였습니다.

2018년 《책짓기 건축술》을 출간하고 제가 목회를 하고 있는 의정부시민교회에서 윤학렬 감독님과 박성배 목사님을 통해 책쓰기 세미나를 할 때 큰아들 김신회 목사에게도 함께 생활하였던 청년들과 세미나에 참석하도록 권하였습니다. 세미나를 참석한 후에도 아들은 책쓰는 일이 크게 다가오지 않았었는데 목회를 하면서 책쓰기가 필요함을 깨닫게 되었습니다. 이제 담임목회지도 알아보아야 하는 입장이 되어 자신을 잘 소개할 수 있도록 책을 써보라는 이야기를 하며 지난해 가을에 다시 박성배 목사님을 만나게 하였더니 도전을 받고 이렇게 책을 출간하게 되었습니다.

박성배	김재민 목사님과 박영순 사모님은 목회자의 은퇴 후 생활을 어떻게 보내는 것이 보람된다고 생각하십니까?
김재민	요즈음 100세 시대를 이야기합니다. 주변에서 100세를 살고 돌아가신 분, 90세 넘겨 살고 계신 분들의 이야기를 종종 전해 듣습니다. 저의 기도 제목 중 하나도 저의 손자가 목사 안수받는 것을 보게 해 달라는 것입니다. 그러려면 앞으로 20년 이상은 더 살아야 하는데, 가장 중요한 것은 건강이 뒷받침되어야 하고, 급변하는 세상을 알아가는 일에 관심을 가져야 하겠고, 경제적으로도 넉넉한 삶을 살 수 있는 여건을 마련해야 보람된 삶이 될 것 같습니다.

저에게 은퇴 후의 삶은 제3막의 인생입니다. 제1막은 대학을 졸업하고 교사로 10년까지의 36년의 삶이었습니다. 인생 2막은 36세에 장신대 신대원에 입학하여 3년 공부하고 만70세까지 목회자로서 살아온 삶이었습니다. 그리고 지금은 은퇴하고 나니 목회를 하면서 세상을 너무 모르고 살았던 것을 알게 되어 배우는 일에 관심을 가지고 있습니다. 은퇴를 준비하며 에스라성경대학원대학교에서 2년 동안 성경을 공부하였습니다. 목회를 마쳤지만 성경을 좀 더 깊이 알아가는 일에 힘쓰려 합니다. 그리고 프로페짜이 모임에도 참가하여 성경을 알아가는 데 많은 도움이 되고 있습니다. 지난해부터는 독서 모임을 시작하여 다방면의 책을 읽어가면서 배우고 있습니다.

나이가 들어가면서 이곳저곳 탈이 나서 더욱 열심히 운

동할 것을 다짐하고 실천하고 있습니다. 제가 살고 있는 집 뒤가 사패산인데 늘 계수하면서 운동하고 있고, 날이 춥지 않을 때는 맨발 걷기를 하고 있습니다.

은퇴 후에 무엇보다 지갑을 열고 넉넉한 생활을 할 수 있어야 가족들에게나 이웃에게 기쁨을 줄 수 있습니다. 저에게 좋은 경제 활동의 기회가 주어졌습니다. 한약방에서 월요일부터 금요일까지 하루 4시간 일을 하고 있어 마음이 긴장도 되고 활기가 넘쳐납니다. 경제적으로도 큰 도움이 됩니다.

그리고 저보다 1년 먼저 은퇴하신 목사님의 밭에 가서 농사일도 조금씩 하고 있습니다. 올해에는 고구마, 땅콩, 상추, 부추, 고수를 비롯해 다양한 채소를 가꿀 계획입니다.

박성배 박영순 사모님은 어떠십니까?

박영순 저는 남편이 은퇴하기 전부터 은퇴 후의 경제적인 삶에 관해 관심이 있었습니다. 그리고 무엇보다 건강이 중요함을 깨닫고 남편을 따라 산행도 하고 맨발 걷기도 하고 있습니다.

저는 살아오면서 꾸준히 경제적인 도움이 되도록 일을 하였습니다. 저는 대학에서 가야금을 전공하였고 피아노를 잘하지는 못하였지만, 피아노 교습을 하면서 가정 살림에 보탬이 되기 위해 노력했고, 남편이 신학을 공부하고 담임목회를 하기까지는 가정의 경제적인 책임을 감당하였습니다. 목회를 하는 동안에는 열심히 남편을 도왔습니다. 은퇴를 앞두고 시작한 방과 후 교사 일이 코로나 팬데믹으로 오래 이어지지 못하였지만, 청년들에게 가야금을 가르치는 일을 하면서 지난해부터는 홈플러스 문화센터에서 일주일에 2일 가르치면서 생활하고 있습니다. 그리고 남편에게 일이 생기면 한약방 일도 도와주고 있습니다.

박성배 마지막으로 두 분의 기도 제목을 나누어 주시기 바랍니다.

김재민 개인적으로는 건강입니다. 최근에도 이곳저곳 탈이 나서 병원 신세를 졌고, 꾸준히 후속 진료를 받고 있습니다. 그리고 두 아들을 위한 기도입니다. 큰아들이 올해 담임목회지를 만날 수 있기를 소망하고, 둘째 아들이 5월에 캐나다에서 신약학 박사과정을 마치고 돌아올 계획인데, 신학교에서 가르칠 수 있든지 목회할 곳을 위해 기도하고 있습니다. 그리고 두 조카의 가정과 지인들 그리고 의정부시민교회와 믿음 안에서 양육한 영적인 자녀들을 위해서 기도하고 있습니다.

박영순 저도 건강입니다. 저의 주변에 돌아가시는 목사님, 사모님들을 보면서 건강의 중요성을 새삼 깨닫습니다. 제게 가야금을 배우고 있는 이들이 꾸준하게 배울 수 있도록 그리고 홈플러스 문화센터의 가야금 반이 더욱 활성화되기를 기도합니다. 그리고 남편과 같이 두 아들을 위한 기도와 두 조카의 가정과 시민교회와 믿음 안에서 양육한 영적인 자녀들을 위해서 그리고 나라와 민족을 위해 기도합니다.

박성배 〈박성배 목사의 책쓰기 코칭〉, 오늘은 의정부시민교회 원로목사이신 김재민 목사님과 박영순 사모님을 모시고 귀한 은혜의 시간을 가졌습니다. 극동방송 가족 여러분, 다음 시간에 뵙겠습니다.

김재민 목사

의정부시민교회에서 24년간 목회하고 2019년 원로목사로 은퇴하였다. 숭실대학교에서 경영학(B.A)을 공부하였고 상문고등학교와 숭실고등학교에서 10년 동안 학생들을 가르쳤다. 새문안교회에서 고등부 교사로 봉사하는 가운데 하나님의 부름을 받고 장로회신학대학교 신학대학원에서 공부했다(M. Div.). 새문안교회에서 교육전도사, 상도교회에서 전임전도사와 부목사로 7년간 사역하고 의정부시민교회에 부임하여 목회하였다.

장로회신학대학교와 멕코믹신학교가 공동으로 하는 박사과정을 이수하면서 셀목회를 만나게 되었고 〈구역장 훈련을 통한 교회 활성화: G-12모델을 통한 구역 활성화〉로 목회학 박사학위(D.Min.)를 받았다. "하늘에 계신 너희 아버지의 온전하심과 같이 너희도 온전하라"(마 5:48)는 말씀을 중심으로 "하나님의 아들을 믿는 것과 아는 일에 하나가 되어 온전한 사람을 이루어 그리스도의 장성한 분량이 충만한 데까지 이르도록"(엡 4:13) 힘쓰며 특별히 다음 세대를 바로 세우기 위한 목회를 지향해 왔다. 은퇴하는 해에 안식년을 맞아 가을학기에 에스라성경대학원대학교에 입학하여 2년간 성경 공부를 하였고 신학 석사학위(Th.M.)를 받았다. 프로페짜이 모임을 통한 성경 공부, 코스모스와 기원이론 강독, 희망독서모임 등을 통해 그동안 접하지 못했던 분야에 대해 배우기 위해 힘쓰며 생활하고 있다.

바라기는 아내와 함께 믿음의 가정들이 행복하게 살아갈 수 있도록 도움을 주는 가정사역을 해보고 싶고, 하나님께서 부르시는 일이라면 최선을 다할 것이다. 믿음 안에서 맺어진 귀한 만남들을 이어가고, 목회를 하면서 사랑을 나누었던 성도들과도 꾸준히 사랑을 나누며, 하나님께서 선물로 주신 두 아들이 앞으로 목회자로서 자신들의 사역을 잘 감당하며 행복한 가정을 이루며 살아가도록 기도하며 건강하게 살아가길 소망한다.

문의

- Mobile / 010-5238-5733
- E-Mail / kjaemin7@hanmail.net

박영순 사모

한양대학교 음악대학 국악과 1회로 가야금을 전공했다. 대학 졸업 후 강원도 영월에 있는 석정여·중고에서 음악교사로 근무하다가 서울에서 고등학교 교사로 근무하는 김재민 선생과 결혼하였다. 남편이 늦게 신학을 공부하고 목회를 하였기에 담임목회를 하기까지는 피아노 레슨을 통해 경제적으로 남편을 내조하였다. 담임목회를 하는 동안에는 다음 세대인 청년들을 제자 삼는 일에 금식하며 부르짖으며 총력을 기울여 남편의 사역을 도와 영적인 자녀들을 많이 배출하였다. 지난 삶을 돌아보면 하나님께서 친히 멘토가 되어주셨고 하나님의 딸로 키워주셨다. 요셉과 같이 꿈으로 말씀해 주시고, 입술의 권세도 주시고, 지혜를 주셔서 내게 보여주셨던 꿈들이 많이 성취되었다. 특별히 두 아들(신회, 지회)을 목회자로 키워낼 수 있도록 하나님께서 많은 은혜를 더해주셨다.

앞으로 큰아들이 담임목회를, 둘째 아들이 신학교 교수의 직분을 잘 감당하여 하나님의 사람들을 잘 세워갈 수 있도록 기도할 것이며 손주들이 믿음의 사람으로 잘 성장하여 행복한 가정을 이루도록 기도할 것이다. 그리고 대학에서 전공한 가야금을 가르치며 건강하고 보람된 삶을 살아가기를 소망한다.

문의

- Mobile / 010-9369-5733
- E-Mail / pys530530@gmail.com

제자훈련 목회로 인생 꽃피다

김신회 목사와의 인터뷰

박성배   극동방송 가족 여러분, 한 주간도 평안하셨습니까? 〈박성배 목사의 책쓰기 코칭〉 진행에 박성배 목사입니다. 오늘은 최근에 신간 《사람을 키우라》를 출간하신 김신회 목사님을 모시고 이야기를 나누어 보겠습니다.

박성배   먼저 김신회 목사님께서 극동방송 가족들에게 인사를 나누어 주시기 바랍니다.

김신회   극동방송 가족 여러분 반갑습니다. 2024년 4월 11일에 《사람을 키우라》를 출간한 김신회 목사입니다.

박성배   김신회 목사님이 쓰신 《사람을 키우라》를 보니까 표지부터 신선하고 내용이 충실한데, 어떻게 책을 쓸 생각을 하시게 되셨는지요?

김신회   6년 전인 2018년 4월에 아버지께서 시무하시던 교회에서 박성배 코칭작가님과 윤학렬 영화감독님의 책쓰기 세미나가 열렸습니다. 당시 박성배 작가님이 "부목사는 책을 써야 한다"며 책쓰기를 권유하셨습니다. 하지만 제 생각에 책은 자신의 영역에서 성공한 사람이 쓰는 것이라고 생각하며 거절하였습니다. 저는 평범한 한국 교회의 부목사였기 때문입니다.

그리고 약 5년이 지난 작년 11월에 다시 박성배 목사님과 만남을 갖게 되었습니다. 당시 박성배 작가님은 "누구의 인생이든지 한 권의 책이 될 수 있다"고 말씀을 하시면서 "목회자의 글쓰기는 하나님의 일을 기록하는 것이다"라고 하셨습니다. 이 말씀이 마음에 와 닿았고 지금까지 나의 삶에 역사하신 하나님의 일하심을 기록으로 남기고 싶은 마음에 책쓰기를 결정하게 되었습니다.

박성배　제목이 《사람을 키우라》인데, 어떤 의미를 담은 제목인가요?

김신회　저는 청년 시절 하나님으로부터 사명을 받았습니다. 저의 삶의 목표는 '예수님께서 분부하신 지상명령인 마태복음 28:18-20절의 말씀을 성취하는 것'입니다. 지상명령의 핵심은 '제자 삼으라!'입니다. 《사람을 키우라》의 구체적인 의미는 각 성도를 '예수님의 제자로 세우라'는 뜻입니다. 하나님의 방법은 사람입니다. 하나님 나라를 위해 헌신할 예수 그리스도의 제자들을 키우라는 의미입니다.

박성배　책을 보니 "아버지 김재민 목사님과 박영순 사모님은 제 인생의 첫 멘토이십니다"라는 내용이 있던데 아버지, 어머니로부터 어떤 점을 배우게 되셨는지요?

김신회 아버지는 대학 졸업 후 10여 년간 고등학교에서 학생들을 가르치셨습니다. 늦게 하나님의 부르심을 받고 신학을 공부하셨고, 의정부시민교회에서 24년간 사역하시다가 5년 전에 은퇴하시고 원로목사님이 되셨습니다. 제가 보아온 아버지는 '성실함'과 '진실함'으로 목회하셨습니다. 모든 면에서 자신을 철저하게 관리하시며, 하나님 앞에서 신실하게 사역하셨습니다. 책상에 앉아 끊임없이 공부하시며 말씀을 준비하시는 삶을 사셨습니다. 그리고 목회 기간 동안 사람을 세우고, 가정을 회복시키는 사역을 해오셨습니다. 진정한 목양의 모습을 가르쳐 주셨습니다.

한편 어머니는 하나님과 가까우신 분이십니다. 언제나 기도와 금식으로 하나님 앞에 나아가기를 힘쓰셨습니다. 어떤 사람을 만나도 소통할 수 있고, 다른 사람의 아픔에 깊이 공감하는 분이셨습니다. 가진 것을 나누면서 실제적인 도움을 주시며 살아오셨습니다. 주변에 연약한 분들을 돕고 섬기는 모습을 어릴 적부터 많이 보아왔습니다. 저는 어머니를 통해 영적인 세계에 대한 시야가 열렸고, 긍휼한 마음을 갖게 되었습니다.

박성배 김신회 목사님과 대화를 나누고 있습니다. 책을 쓸 때 제가 쓴 《내 인생을 다시 쓰는 책쓰기》의 건축술 8단계에 따라서 쓰셨다고 고백하셨는데, 8단계의 원리에 따라서 쓰신 이야기를 해주시지요?

김신회

저는 책쓰는 것에 문외한이었습니다. 그런데 책의 첫 꼭지를 쓰기 시작하여 41일 만에 초고를 완성했습니다. 그것도 사역자들이 가장 분주한 12월 초에 책을 쓰기 시작하여 1월 중순에 초고를 완성했습니다.

제가 이렇게 책을 쓸 수 있었던 것은 박성배 작가님의 전문적이고 세밀한 코칭과 《내 인생을 다시 쓰는 책쓰기》의 건축술 8단계 때문이었습니다. 박성배 작가님은 교회 건축의 경험을 통해 책쓰기 건축술을 창안하셨습니다. 건축의 공정을 책쓰는 단계에 적용하셨습니다. 책쓰기 건축술은 크게 구상하기, 설계도 짜기, 시공하기, 완공과 입주의 네 부분으로 구성되어 있습니다. 막상 책을 쓰려고 하면 막연한데 책쓰기 건축술의 단계를 하나하나 따라가다 보니 책이 완성되었습니다. 단계별로 고려해야 할 사항들을 잘 정리해 주셔서 생각의 방향성을 잡는 데 큰 도움이 되었습니다. 책쓰기에 관심 있는 분은 박성배 작가님의 《내 인생을 다시 쓰는 책쓰기》를 꼭 읽어보실 것을 추천합니다. 작가님께 코칭을 받으신다면 더 좋은 책을 내실 수 있을 것입니다.

저에게 도움이 되었던 또 한가지는 초고를 완성하는 과정 가운데 '데드 포인트(Dead Point)'가 있다는 사실을 알려준 것이었습니다. 데드 포인트는 마라톤 선수가 코스를 열심히 달리다가 숨이 막혀 더는 달릴 수 없는 극한 순간을 가리킵니다. 책을 통해 책쓰기에도 그런 순간이 있다는 것을 미리 알고 있었기에 저에게 찾아온 어려움의 시간이 데드 포인트임을 감지하였습니다. 나만 겪는 것이 아니고 누구나 겪는 순간이라는 것을 깨닫고, 마음을 다잡고 초고 쓰기에 집중할 수 있었습니다. 또한, 데드 포인트의 힘든 순간을 박성배 코칭작가님께 나누었을 때 마음을 새롭게 할 수 있는 좋은 말씀들로 격려해 주시고, 동기부여를 해주셔서 힘을 낼 수 있었습니다. 책쓰기 건축술 8단계를 잘 따른다면 누구든지 좋은 책을 쓸 수 있을 것이라고 확신합니다.

박성배   《사람을 키우라》의 내용에 대해서 이야기를 해주시기 바랍니다.

김신회   앞에서 말씀드린 대로 저는 청년 시절에 "가서 제자 삼으라!"는 지상대명령을 사명으로 받았습니다. 그 비전을 받고 지금까지 맡겨진 사역의 현장에서 실천하였습니다. 이 책에는 하나님께서 저를 예수님의 제자로 훈련시키시고, 다른 사람들을 예수님의 제자로 키우도록 일해오신 하나님의 역사에 대한 기록을 담았습니다.

첫 번째 파트는 하나님께서 저를 사람을 키우고 세워가는 목회자로 준비시키셨던 과거의 일들을 기록하였습니다.

두 번째와 세 번째 파트는 제가 쓴 목회학 박사학위 논문의 내용들을 재배열하여 정리하였습니다. 두 번째 파트에서는 제자훈련을 위한 성경적 · 신학적 이론을 정리하였고, 세 번째 파트에서는 제자훈련 현장의 생생한 목소리를 기록하였습니다. 이 부분이 다른 책에서는 볼 수 없는 제 책만의 독특한 부분일 것입니다.

마지막 네 번째 파트에서는 제가 정립한 사람을 키우고 세워가는 7가지 방법을 제시하였습니다. 20년 이상 제자 훈련을 하면서 꼭 필요하다고 생각되는 7가지를 정리하였습니다. 제자훈련을 하는 목회자와 평신도 양육자에게 도움이 될 것이라고 생각합니다.

박성배   김신회 목사님은 사람을 키우는 사역을 해오셨고, 《사람을 키우라》를 쓰셨는데, 사람을 키우는 목회자로서 가장 중요한 점은 무엇인지요?

김신회   사람을 키우는 목회자인 저 자신이 먼저 예수님의 제자가 되는 것이 중요하다고 생각합니다. 가장 중요한 것은 제자화가 예수님의 지상대명령임을 믿는 확신입니다. 예수님께서 주신 지극히 높은 명령에 순종하겠다는 결단입니다. 제자훈련은 쉽지 않습니다. 많은 시간을 들여야 하고 정성을 기울여야 합니다. 제자훈련은 영적 싸움입니다. 그렇기에 깨어서 긴장하고 기도하며 진행해야 합니다. 요즘은 성도님들은 훈련받기를 좋아하지 않는 분위기입니다. 훈련받고 변화되어 예수님을 닮아가기보다 현재 있는 모습 그대로 신앙생활을 하고 싶어하는 시대인 것 같습니다. 그런 성도들을 깨워서 제자훈련을 시키기 위해서는 목회자의 마음에 이 사역이 정말 중요하고 꼭 해야 하는 사역이라는 확신이 있어야 합니다. 이 확신은 성경을 연구하고 기도하는 가운데, 그리고 실제 제자훈련을 통해 성도들이 은혜받고 변화되는 모습을 통해 얻게 된다고 생각합니다.

박성배 《사람을 키우라》의 7가지 원리에 대해서 결론으로 쓰셨는데, 그 내용을 이야기해 주시기 바랍니다.

김신회 이것은 제가 지난 20여 년 동안 제자훈련을 시행하면서 얻게 된 사람을 키우고 세워가는 7가지 방법입니다. 간략하게 말씀드리자면, 첫째는 양육자는 제자훈련을 위한 성경적 기초를 확립해야 한다는 것입니다. 방금 말씀드린 대로 사역을 지속할 수 있는 힘은 그것이 성경적인가 아닌가에 있습니다. 장애물이 생기고 힘들더라도 그것이 하나님의 말씀에 순종하는 것이라는 확신이 있다면 이겨낼 수 있습니다. 성도를 예수님의 제자로 세워가는 것은 선택사항이 아닙니다. 목회 사역의 본질입니다.

둘째는 양육자는 재생산 사역을 목표로 제자훈련을 실시해야 한다는 원리입니다. 이것은 예수님이 보여주신 모본입니다. 우리 주님은 공생애 기간 동안 열두 명의 사람들을 제자로 키우시는 데 집중하셨습니다. 그 제자들이 또 다른 제자를 낳았습니다. 이것이 기독교가 지금까지 전해져 내려온 역사입니다. 제자훈련의 목표는 내가 훈련시킨 제자를 통해 또 다른 예수님의 제자가 세워지는 것을 기대하며 훈련해야 합니다. 교역자를 통한 제자훈련은 기본입니다. 평신도를 통한 재생산 사역도 중요합니다.

셋째는 교회 안에 제자훈련의 체계를 확고하게 세워야
합니다. 모든 교육에는 교육과정, 커리큘럼이 있습니다.
복음을 듣고 거듭난 성도들은 하나님의 자녀로 출생한
것입니다. 출생 이후에는 자라가야 합니다. 자라갈 수 있
는 영적 커리큘럼을 교회 안에 세워야 합니다. 교육과정
이 없으면 성도들의 필요를 채우기 위한 프로그램 목회
의 길로 가게 됩니다. 교육과정을 구축하여 사람을 키우
고 세우는 데 집중해야 합니다.

넷째는 제자훈련은 가르침과 나눔이 조화를 이루어야 합
니다. 제자훈련의 핵심은 세상을 보는 관점을 변화시키
는 것입니다. 이러한 세계관의 변화는 신앙체계와 밀접
한 관계가 있습니다. 인류학자이자 선교학자인 폴 히버
트에 의하면 일반적으로는 삶의 경험으로부터 신앙체계
가 형성된다고 합니다. 하지만 기독교 세계관을 갖기 위
해서는 자신의 삶의 경험이 아닌 성경 말씀을 통해 신앙
체계가 세워져야 한다고 합니다. 그러기 위해서는 성경
을 배워야 합니다. 교회는 성경을 가르쳐야 합니다. 또한
그러한 가르침을 내면화하는 데는 나눔이 중요합니다.
제자훈련이 일방적인 가르침이 되어서는 안 됩니다. 서
로 삶을 나누고, 큐티를 나누고, 주일 설교 말씀을 나누는
시간을 통해 듣고 배운 말씀이 가슴으로 내려와 삶의 변
화로 연결됩니다.

다섯째는 제자훈련을 통해 거룩한 습관을 갖도록 해야

합니다. 제자훈련은 수개월에서 또는 수년간 진행됩니다. 하지만 신앙생활은 일평생입니다. 인격과 삶의 변화는 평생의 과제입니다. 제자훈련의 목표인 예수님을 닮아가기 위해서는 제자훈련 기간 동안에 거룩한 습관을 갖도록 훈련해야 합니다. 거룩한 습관을 통해 일평생 성화를 이루어 가도록 도와야 합니다. 거룩한 습관으로는 말씀 묵상, 즉 큐티가 가장 중요하다고 생각합니다. 그리고 성경 읽기, 말씀 암송, 경청하기, 금요심야기도회 참석하기 등이 있습니다.

여섯째는 목회자는 평신도 양육자의 사역을 코칭해야 합니다. 평신도 양육자가 재생산 사역을 할 때 목회자는 평신도 양육자를 코칭해 주어야 합니다. 끊임없이 사람을 키우는 것의 중요성을 상기시켜야 하고, 사람을 양육할 수 있는 구체적인 방법을 가르쳐 주어야 합니다. 또한 제자훈련 진행 상황을 물어봐 주어야 합니다. 문제 앞에서 함께 기도하며 해결책을 찾아야 하고, 무엇보다도 칭찬과 격려로 동기부여를 해주어야 합니다.

마지막으로 제자훈련의 간증문을 남겨야 합니다. 제가 초반에 이 책의 초고를 쓰는 데 41일이 걸렸다고 말씀드렸습니다. 하지만 실제 이 책을 쓰는 데는 24년이 걸렸습니다. 무슨 말씀이냐면 제가 이 책을 쓸 수 있었던 것은 지난 24년간 기록해 놓은 간증문과 영성일기가 있었기에 가능한 것이었습니다. 책을 쓰기 위해 제가 쓴 글들을 읽으면서 제가 은혜를 받았습니다. 제 기억에서 사라졌던 것들이 글을 읽을 때 되살아났습니다. 제가 기록한 글들이 없었다면 저는 이 책을 쓸 수 없었을 것입니다. 간증문을 쓴다는 것은 나의 삶에 은혜를 베풀어 주신 하나님의 역사를 남기는 것입니다.

박성배 김신회 목사님은 《사람을 키우라》를 쓰셨는데, 앞으로 어떤 목회를 하고 싶으신지요?

김신회 저는 대학교 3학년 때 예수님의 지상대명령인 "제자 삼으라"를 사명으로 받았습니다. 돌이켜보면 하나님께서 사명을 주시고 사명을 이루어 갈 수 있도록 인도해 주셨습니다. 앞으로도 그렇게 저의 삶을 이끄실 것을 믿습니다. 저의 목회 키워드는 '예수 제자훈련'과 '열방의 회복, 선교'입니다. 이런 방향성을 가진 교회를 만나 함께 사람을 키우고 열방을 회복하는 사역에 힘쓰는 목회를 하고 싶습니다.

박성배 마지막으로 기도 제목을 나누어 주시기 바랍니다.

김신회 제가 공부한 미국 트리니티복음주의신학대원 이태훈 교수님은 추천사에서 "한국 교회 목회자들과 대화하다 보면 제자훈련이 시효가 다 된 옛 사역 방법처럼 취급되고 있다는 느낌을 받았다"고 적으셨습니다. 저도 그렇게 느껴집니다. 이런 상황에서 저의 작은 책을 통해 제자훈련의 중요성이 재확인되고, 모든 성도를 예수님의 참된 제자로 삼으려는 동역자들이 일어나기를 소망합니다. 이것을 위해 기도해 주시면 감사하겠습니다.

박성배 〈박성배 목사의 책쓰기 코칭〉, 오늘은《사람을 키우라》의 저자 김신회 목사님과 함께 한 시간이었습니다. 극동방송 가족 여러분, 다음 시간에 뵙겠습니다.

김신회 목사의 제자훈련 7단계

이것은 제가 지난 20여 년 동안 제자훈련을 시행하면서 얻게 된 사람을 키우고 세워가는 7가지 방법입니다.

1. 양육자는 제자훈련을 위한 성경적 기초를 확립해야 한다.

2. 양육자는 재생산 사역을 목표로 제자훈련을 실시해야 한다.

3. 교회는 제자훈련의 체계를 확고하게 세워야 한다.

4. 제자훈련은 가르침과 나눔이 조화를 이루어야 한다.

5. 제자훈련을 통해 거룩한 습관을 갖도록 해야 한다.

6. 목회자는 평신도 양육자의 사역을 코칭해야 한다.

7. 제자훈련의 간증문을 남겨야 한다.

김신회 목사

성도들과 제자훈련을 할 때 가장 행복한 목회자이다. 예수님을 따라가고 닮아가기 원하는 '예수님처럼'이 삶의 목표이다. 아버지 김재민 목사님의 목회를 보면서 자랐고, 어머니 박영순 사모님의 태중에 있을 때부터 하나님께 드려진 종으로 준비가 되었다. 한국 교회의 첫 조직교회이며 어머니 교회인 새문안교회에서 강신명 목사님께 유아세례를 받았다. 새문안교회에서 김동익 위임목사님의 목회를 보고 자라나면서 믿음의 뿌리를 깊이 내리게 되었다.

목회자로서 어떻게 살아야 할 것인가에 대한 밑그림과 준비가 어린 시절과 청년 대학생 시절부터 되었다. 청년 시절 교회에서 제자훈련을 통해 큰 은혜를 받았고, "가서 제자 삼으라"는 지상대명령(마 28:18-20)에 순종하며 살기로 결단하였다. 카자흐스탄 선교지에서 체계적인 제자훈련을 경험하였고, 교회 현장에서 제자훈련을 실천해 보았다. 다양한 학교에서 신학 수업을 받으며 폭넓은 배움을 가질 수 있었다. 목회자의 자녀로 대를 이어 목회자로 살아가면서, 다음 세대를 위해서 사람을 세워가는 것이 얼마나 중요한 것인지를 배웠다. 2024년 4월 제자훈련의 현장 경험과 이론을 정리하여 《사람을 키우라》를 출간하였다.

숭실대학교에서 경영학을 전공하고 장로회신학대학교(M.Div.)와 에스라성경대학원대학교(Th.M.)에서 공부했다. 미국 Trinity Evangelical Divinity School(TEDS)

에서 제자훈련에 관한 논문으로 목회학 박사(K-DMin)를 취득하였다.

문의

- Mobile / 010-9206-2592
- E-Mail / wocko@hanmail.net

전문 강사와 교수 사역으로 인생 꽃피다

김지회 박사와의 인터뷰

박성배   극동방송 가족 여러분, 평안한 주일 보내고 계십니까? 〈박성배 목사의 책쓰기 코칭〉, 오늘은 여러 해 동안 외국에서 공부하여 학위를 받고, 한국으로 돌아와서 교수 사역을 시작하게 되신 김지회 박사님을 모시고 이야기를 나누어 보겠습니다.

박성배   먼저 김지회 박사님께서 극동방송 가족들에게 인사를 나누어 주시기 바랍니다.

김지회   극동방송 가족 여러분 반갑습니다. 저는 김지회 목사라고 합니다. 아직 박사라는 직함이 익숙하지가 않아서 목사라고 소개했습니다. 저는 캐나다 맥마스터신학교에서 신약학 석·박사과정을 마치고 지난주에 귀국했습니다. 제가 2014년 7월 19일에 캐나다에 입국했는데, 10년 만에 돌아오게 되었습니다. 첫째 딸이 6개월 되었을 때 유학을 갔는데 이제 10살이고, 박사과정을 시작하기 3주 전에 낳은 둘째 아들이 얼마 전 8살이 되었습니다. 제가 신대원을 졸업하고 성경을 더 깊이 있게 공부하기 위해 갔던 에스라성경대학원에서 제가 전공한 일반서신 강의 기회가 열려 가르치는 사역을 시작하게 되었습니다.

박성배 김지회 박사님은 대한민국 최초의 조직 교회인 새문안교회에서 자란 것으로 알고 있습니다. 어린 시절 새문안교회에서 자랄 때의 추억이 있으면 이야기를 해주시지요?

김지회 저는 어머니 뱃속에서부터 새문안교회에 다녔습니다. 어린 시절에는 매년 수양관에서 주제가(흰구름 뭉게뭉게 피는 하늘에)를 부르면서 수련회 했던 기억이 납니다. 제 신앙의 고백을 가지고 교회생활을 시작한 것은 고등학교 때였습니다. 주일예배 10분 정도의 찬양을 위해 아침 7시부터 기도 모임을 하고, 예배를 마친 후에는 몇 시간씩 찬양 연습을 했던 기억이 납니다. 저희가 주로 연습한 곳이 세종문화회관 뒤 마로니에 공원과 역사박물관 잔디밭이었는데 〈많은 물소리〉 제일 앞장에서부터 한 장씩 넘기면서 몇 시간 동안 찬양하고 율동했던 기억이 납니다. 그때 제가 기타를 쳤는데, 몇 시간 찬양 반주를 하고 나면 손에서 피도 나고 퉁퉁 부었던 기억이 있습니다. 특히 추운 겨울에도 밖에서 찬양을 했는데, 한 곡 마칠 때마다 언 손을 녹이며 기타를 쳤던 기억이 있습니다. 그땐 리더가 시키면 다 쳐야 했기 때문에 기타 반주자를 '기계'라고 부르기도 했습니다. 노래방에서 번호를 누르면 반주가 나오듯이 리더가 번호를 불러주면 기타 반주를 시작하곤 했습니다. 돌아보면 그 시절 하나님에 대한 사랑을 키웠던 것 같습니다.

박성배　외국에서 박사학위를 받기까지 제일 힘들었던 점과 보람
된 일은 무엇이었는지를 이야기해 주시기 바랍니다.

김지회　제가 유학 나갈 때 주변에서 많이 말리셨습니다. 이런 말
을 해도 될지 모르겠지만 "요즘은 개나 소나 다 신학박사
다"라는 말을 많이 들었습니다. 그만큼 박사 공부를 하신
분이 많다는 이야기였습니다. 그래서 저는 공부가 쉬운
줄 알았습니다. 하지만 석·박사 공부를 하면서 개나 소
가 되는 게 이렇게 어려운 일인지 몰랐습니다.

박사 논문을 쓰는 것은 아직 아무도 가보지 않은 미지의
길을 걷는 것과 같았습니다. 이 논문을 마칠 수는 있는지
확신할 수 없으면서 믿음으로 한 글자 한 글자 써내려 갔
습니다. 매일 저의 한계와 부딪히면서 한계를 테스트하
며 맷집을 키운 것도 저에게는 큰 자산이 되었습니다.

무엇보다 가장 보람된 것은 성경 해석에 있어서 마치 확
정된 결론이 되어 더 이상 아무도 질문하지 않는 것들에
대해 고민할 수 있는 시간을 가진 것이었습니다. 존 스튜
어트 밀의《자유론》은 '확정된 결론이 불러오는 깊은 잠'
에 대해 경고합니다. 내가 믿고 내가 해석하는 것에 대한
지나친 자기 확신을 버리고 겸손하게 자신의 한계를 인
정하는 과정을 통해 겸손을 배웠습니다.

박성배　박사학위 논문은 어떤 내용이신지요?

김지회　제 논문에서 저는 현대사회언어학을 이용해 야고보서의
구조와 장르를 연구했습니다. 언어학이라는 방법론이 한

국에서는 아직 좀 낯선 영역인데 우리가 가진 성경이 언어로 쓰였고, 현대 언어학은 계속 발전하고 있기 때문에 그 발전된 인사이트를 성경 연구에 적용하는 것에 중점이 있습니다. 야고보서에 대해 말씀드리자면, 야고보서 전체가 가지는 기능이 무엇인지 밝히고, 그 역할을 수행하기 위해 어떤 구조로 짜여졌는지를 연구했습니다. 야고보서는 단순히 지혜로운 말들과 격언들을 두서없이 모아둔 책이 아니라, 그리스도를 따르는 사람들의 온전한 도덕성을 함양하는 일련의 과정이 편지의 구조 속에 녹아있는 책이라는 것입니다. 예를 들어, 야고보는 1장에서 중요한 신앙의 원리들을 간단명료한 명제들로 기술하고, 2장에 가서는 일상에서 일어날 법한 상황 속에서 이 원리들을 어떻게 적용할 수 있는지 보여주고 있습니다. 마크 존슨이라는 학자는 이런 것을 '도덕적 상상력'이라고 정의합니다. 성경의 원리는 굉장히 일반적이고 추상적일 수밖에 없는데 그것을 구체적인 일상 속에서 적용할 수 있도록 돕고 있는 야고보서의 구조를 언어학적으로 드러내 보여준 것이 제 논문의 핵심이라고 할 수 있습니다.

박성배 앞으로 한국에서 교수로서 어떤 일을 하고자 하시는지를 이야기해 주시기 바랍니다.

김지회 제가 공부를 하겠다고 마음먹은 이유는 목회자 재교육 및 평생교육에 관심이 있었기 때문입니다. 에스라성경대학원대학교는 목회자, 선교사, 평신도분들이 성경을 깊이 있게 연구하는 곳입니다. 특별히 목회자들에게 성경은 목회의 원천과도 같은데, 그 성경을 연구하는 방법을 배우고 자신만의 시각을 기르는 시간이 필요하다고 생각했습니다. 신대원 3년 동안에는 배운 것으로 평생 목회하기에는 역부족이라는 생각을 했습니다. 또 신학은 교회를 위해 존재하는데, 한국의 목회자들이 너무 바쁘고 사역에 몰두하다 보니 신학 발전의 열매에서 소외되는 현실을 보고 교회와 성서학 사이의 다리 역할이 필요하다고 생각했습니다.

이런 역할을 감당하기 위해서는 아마 저 자신의 연구에 조금 더 집중하고 배움을 숙성시키는 시간이 필요하다고 생각합니다. 그다음 일은 때가 되면 하나님께서 길을 열어주시리라 생각하고 있습니다.

박성배　김지회 박사님은 누가복음 2장의 말씀에 나오는 예수님의 삶, 특히 사춘기의 예수님의 삶을 모델로 책을 쓰고 계신 것으로 알고 있습니다. 그 내용을 좀 이야기해 주시기 바랍니다.

김지회　제가 2008년 아가페교회에서 사역을 시작했는데 그때부터 저는 쭉 청소년부를 맡았습니다. 청소년들을 만나기 시작하면서 사춘기에 대해 성경이 뭐라고 말하는지 찾다가 누가복음 2장 본문을 만났습니다. 열두 살 시절 예수님의 모습 속에서 사춘기 청소년의 반항을 보았고, 2009년부터 지금까지 꾸준히 〈사춘기 강의〉를 해왔습니다.

저는 누가복음 2장의 본문을 통해 사춘기에 대한 관점이 변했습니다. 많은 분들이 사춘기에 대해 부정적인 시각을 가지고 있는데, 성경은 사춘기는 하나님의 계획이라고 말씀하고 있다는 사실을 발견했고, 그것을 나눴습니다. 제가 강의할 때는 부모님들과 청소년들을 같이 부릅니다. 왜냐하면 부모님들과 청소년들이 사춘기에 대한 이해를 공유하는 것이 중요하기 때문입니다. 부모님들이 어디서 좋은 강의를 듣고 오셔서 아이들에게 이런저런 내용이 있었다고 말하려고 하면 벌써 그때부터 아이들이 듣지 않기 때문에 같이 듣고 같이 이야기하는 시간을 가졌습니다.

한 번은 캐나다에서 이 강의를 했을 때 평소 정말 착하고 착실한 청소년이 저에게 오더니 제 강의를 듣기 전까지 자기가 이상한 사람인 줄 알았다고 한 적도 있었습니다. 자기는 분명 착한 딸인데 자꾸 엄마한테 불만이 생기고 짜증이 나는 자신을 보면서 괴로웠는데 강의를 들으면서 그것이 필요한 과정이라는 것을 깨닫고 마음이 놓였다는 것이었습니다. 더 말씀드리면 스포일러가 되기 때문에 여기까지만 말씀드리겠습니다.

박성배   예수님과의 인격적인 만남은 언제였는지요?

김지회   저는 모태신앙으로 어릴 때부터 교회 가는 것이 그냥 당연한 것이었습니다. 그러다가 고등부에 갔을 때 찬양팀에 들어가게 되었는데 수련회를 준비하면서 연습도 많이 하고 기도하는 시간들이 있었습니다. 그런데 그때 갑자기 마음에 이번 수련회에서 방언을 받고 싶다는 마음이 들었고, 그 수련회에서 방언 주실 때까지 기도하다가 하나님을 만나게 되었습니다. 그날 방언도 받았는데요. 제가 있을 때만 해도 새문안교회 고등부가 뜨겁게 기도하거나 방언을 받는 분위기는 아니었습니다. 그래서 어떤 분은 몇십 년 만에 수련회에서 처음 방언 받은 친구가 나왔다고 말씀하시기도 했던 것 같습니다. 그때는 하나님을 만나는 것보다 일단 방언을 받아야겠다는 마음이 커서 '방언 안 주시면 전 수련회장에서 안 내려갑니다'라는 마음으로 기도했습니다. 그런데 어느 순간, 제가 어릴 때부터 지었던 죄들이 필름처럼 지나갔고, 그 옆에 서 계시는 예수님을 보았습니다. 눈물 콧물을 흘리면서 1시간 넘게 회개했던 것 같습니다. 그 시간이 지나고 난 후에 마음에 평안이 찾아오면서 방언도 받게 되었습니다. 사실 그때 전 방언이 뭔지도 모르고 어떻게 하는 건지도 몰랐는데 그 경험 이후 집에 가서 밤마다 이불을 뒤집어쓰고 한참을 기도하고 울고 했던 기억이 납니다.

박성배 김지회 박사님은 청소년들에게 강의를 많이 해오셨는데, 앞으로 어떤 주제로 청소년들에게 강의를 계속하고자 하시는지요?

김지회 사실 제가 10년이라는 공백이 있어서 한국의 청소년들을 잘 모른다고 말씀드리는 것이 정확할 것 같습니다. 그리고 제가 캐나다 가기 전과 달리 지금은 좋은 강의도 많고 사춘기에 대한 이해도 이전보다 훨씬 깊어진 것 같습니다. 하지만 제 강의가 다른 사춘기 강의와 차별화되는 지점은 바로 성경이 사춘기에 대해 뭐라고 말하는지를 파헤쳤다는 것입니다. 하나님은 인간을 만드시면서 사춘기를 디자인하셨고, 그 안에 숨겨진 깊은 뜻을 이해하는 것이 제 강의의 목적입니다.

일단은 한국에 돌아와서 모든 것을 다시 시작하는 지금은 한국의 청소년들을 가까이서 살펴보고 그들에게 무엇이 필요한지 듣는 시간이 필요할 것 같다는 생각입니다. 제가 주고 싶은 걸 주기보다 그들에게 뭐가 필요한지 알고 그 필요를 채우고 싶은 마음입니다.

박성배 마지막으로 기도 제목을 나누어 주시기 바랍니다.

김지회 세 가지 기도 제목이 있습니다. 첫째, 좋은 사람을 만나게 해주세요. 이제 막 가르치는 사역을 시작했는데 좋은 분들을 만나 교제하고 이 시대를 향한 하나님의 마음을 알아가고 싶은 마음이 있습니다. 둘째, 하나님 막 써주세요. 하나님이 저를 유학 보내실 때 약속하신 게 있는데요. "내가 먹여 살린다"였습니다. 지난 10년 동안 하나님께서는 그 약속을 지키셨습니다. 이제 본전을 뽑으실 때가 되었기 때문에 하나님이 필요하다고 보내시는 곳에서 쓰임 받는 것이 제 기도 제목입니다. 셋째, 가족. 제가 조금 급하게 한국에 오게 되면서 해외이사까지 할 수 있는 상황이 아니었습니다. 그래서 저희 아내와 두 아이가 12월까지 캐나다에 있게 됩니다. 제 아내와 아이들은 처음 아빠와 오랫동안 떨어져 지내는 것인데 이 시간을 은혜 가운데서 잘 지낼 수 있도록 기도 부탁드립니다.

박성배　〈박성배 목사의 책쓰기 코칭〉, 오늘은 김지회 박사님과의 소중한 시간이었습니다. 극동방송 애청자 여러분, 그리고 통일이 되면 만나게 될 북녘에 계신 여러분, 다음 시간에 뵙겠습니다.

김지회 박사의 특강

1. 〈야고보서 꿰뚫기〉 청장년 대상

"구슬이 서 말이라도 꿰어야 보배"라는 말이 있습니다. 교인들과 야고보서를 공부하다 보면 "이 말씀이 여기에 있었군요"라는 반응을 보일 때가 많습니다.

"욕심이 잉태한즉 죄를 낳고 죄가 장성한즉 사망을 낳느니라"

"행함이 없는 믿음은 그 자체가 죽은 것이라"

많은 설교자들은 자신의 논지를 뒷받침하는 증거본문(Proof text)으로 야고보서를 사용합니다. 왜냐하면 야고보는 문장 자체로 충분히 의미를 전달하기 편리한 속담과 격언들의 보고(   )이기 때문입니다. 하지만 이런 이유 때문에 많은 학자들은 야고보서를 관통하는 일관된 논리나 생각의 흐름을 찾는 데 어려움을 겪어왔습니다. 야고보서 강해 설교를 들을 기회가 적은 이유이기도 합니다. 하지만 야고보는 예수님과 어린 시절을 같이 보내고 부활하신 예수님을 직접 만났고 나중에는 예루살렘의 수장으로 유대 기독교를 이끌었던 영적 리더였습니다. 그의 지혜와 복음 해석을 듣지 못한다면 믿음의 유산 중 큰 축을 잃어버리고 말 것입니다. 박사학위 논문 주제로 야고보서를 연구하기 시작한 이래 성경 공부(6주)를 통해 많은 교인들과 제가 공부한 것을 나눴습니다. 야고보서는 복음 안에서 발견된 하나님의 지혜를 담은 책입니다. 한 절 한 절 차근차근 읽어가며 지혜의 조각들을 모으다 보면 어느새 완성된 그림으로 다가오는 야고보서를 만날 수 있을 것입니다.

2. 〈속바겉촉: 속은 바르고 겉은 촉촉한 대안적 그리스도인의 삶을 꿈꾸다〉 청년 대상

캐나다의 겨울은 춥습니다. 공부하는 동안 시작한 달리기. 체감 영하 20도가 넘는 추위에 밖에 나가서 뛰다가 문득 깨닫게 된 사실이 있습니다. 달리면서 내 안에 열이 생기니까 밖의 추위를 견딜 수 있다는 사실이었습니다. 내면이 강하면 외부의 압력을 이겨낼 수 있습니다. 결국 사람의 실제와 실력은 내면에 있습니다. 하지만 사람들은 겉모습을 가꾸는 데 많은 시간과 돈을 사용합니다. 젊은 세대는 말할 것도 없습니다. 로마서 12장 2절 한 말씀을 붙들고 미국과 캐나다에 있는 청년들을 만나 우리가 어떻게 부패했고(Deformation), 복음이 어떻게 우리를 변화시키며(Transformation), 그리스도인들이 어떻게 하나님 나라의 대안적 방식(Counterformation)으로 살아갈 수 있을지 나눴습니다. 내면은 하나님과의 바른 관계 속에서 성장하고 외면은 이웃에게 친절하며 부드러운 그리스도인의 삶의 모습을 함께 그리는 시간입니다.

3. 〈예수님의 사춘기〉 청소년과 학부모 대상

저는 2009년 전도사로서 첫 사역을 한 이래로 11년 동안 약 1,000명 넘는 청소년들을 만났습니다. 한국에선 의정부, 서울, 안산의 청소년들을 만났고 캐나다에 와서 토론토 위성도시인 옥빌과 수도인 오타와 청소년들도 만났습니다. 그리고 한 가지 공통점을 발견했습니다. 모두 다 사춘기를 겪는다는 것이었습니다. 한국 사회에서 사춘기는 한 마디로 골치 아픈 시기입니다. 우리나라 중2들이 무서워서 북한군이 쳐들어오지 못한다는 말이 있을 정도입니다.

청소년 사역을 시작하고 나서 이 보편적 현상 뒤에는 하나님이 계시다는 사실을 깨달았습니다. 사춘기에 대한 답을 성경에서 찾다가 만난 본문이 바로 누가복음 2장의 열두 살 예수님 이야기였습니다. 인간의 몸을 입고 오신 예수님도 사춘기를 겪었고, 그 사실이 성경에 기록되어 있다는 놀라운 사실. 매년 부모님들과 청소년들을 함께 초대해 사춘기에 대한 성경적 이해와 사춘기 탈출의 실마리를 찾아왔습니다.

에스라성경대학원대학교

김지회 교수가 공동서신을 강의하는 에스라성경대학원대학교는 이 시대에 에스라와 같은 성경적 인물을 양성하는 곳이다. 학사 에스라를 통해서 이스라엘 민족의 역사가 성경적 가치관으로 바로 세워졌듯이, 에스라성경대학원대학교를 통해서 이 민족의 미래를 이끌어갈 성경적 인재들이 양성되기를 바란다.

김지회 박사

믿음의 가정에서 태어나고 자랐지만 고등학교 1학년 수련회에서 처음으로 하나님을 '나의 하나님'으로 고백했다. 처음으로 하나님의 존재를 인식한 순간, 어떤 방식으로든 하나님께 삶을 드리기로 결단했다. 인간과 사회에 대해 알고 싶어 연세대학교에 진학해 사회학자로서의 꿈을 키웠다. 스물여섯 살 가장 사랑했던 친구를 잃고 난 후 영혼을 향한 하나님의 마음을 깨닫고 은퇴 후로 미뤄두었던 장로회신학대학교(M.Div.)에 입학했다.

말이 통할 줄 알고 시작한 청소년 사역에서 큰 좌절을 맛보고 사춘기에 대해 고민이 깊어졌다. 그 고민을 풀어내기 위해 지난 10여 년 동안 한국(아가페교회, 안산제일교회)과 캐나다 교회(Oakville East Faith Presbyterian Church, Ottawa Korean Community Church)에서 매년 학부모와 학생들을 위한 〈사춘기 세미나: 예수의 사춘기〉를 진행했다.

에스라성경대학원대학교에서 Th.M 과정을 공부하면서 말씀 이해와 해석이 목회의 핵심이라고 믿고 목회자들의 성경 연구를 돕고 재교육하는 학자로서 준비되기 위해 캐나다 McMaster Divinity College에서 Stanley E. Porter 교수님의 지도 아래 석사(M.A)와 박사과정(Ph.D)을 마쳤고, 오타와한인교회 교육부 총괄 디렉터로 섬겼다.

현재 에스라성경대학원대학교에서 공동서신을 강의하고 있고, 맥마스터신학교 (McMaster Divinity College)에서 Research Fellow로 연구를 계속하고 있다.

박사학위 논문에서 야고보서의 구조에 드러난 도덕 형성과정을 언어학적 방법론을 토대로 연구했다.

문의

- 티스토리 / https://mytistory23.tistory.com
- E-Mail / mytistory23@gmail.com

은퇴 없는 100세 현역으로
인생 꽃피다

은퇴 없는 100세 현역으로 인생 꽃피다 ①

임인채 목사와 인터뷰

박성배　극동방송 가족 여러분, 한 주간도 평안하셨습니까? 〈박 성배 목사의 책쓰기 코칭〉, 오늘은 동해교회 임인채 목사 님을 모시고 인생, 목회자로의 부르심, 동해교회 목회, 은 퇴 후의 비전 등에 대한 이야기를 나누어 보겠습니다.

박성배　먼저 임인채 목사님께서 극동방송 애청자들에게 인사를 나누어 주시기 바랍니다.

임인채　극동방송 애청자 여러분 반갑습니다. 강원도 동해에서 29년째 동해교회를 목회하는 임인채 목사입니다.

박성배　지난번에 제가 동해교회를 방문했을 때 임인채 목사님께 서 주신《동해교회 66년사》와《2024년 교회 요람》에 보 니까, 임인채 목사님은 29년 전에 작은 동해교회에 부임 하셔서 지금은 굴지의 큰 교회로 성장시키신 것을 알게 되었습니다. 먼저 임인채 목사님이 어떻게 목회자로 부 르심을 받게 되었는지를 이야기해 주십시오.

임인채　믿음의 가정에서 태어나 성장한 후에, 서울에서 직장생 활을 하던 중 20대 후반에 목회자로 부름을 받았습니다.

| 박성배 | 임인채 목사님은 저와 장로회신학대학교 신학대학원 동기로 같이 공부하셨는데, 그럼 신대원을 졸업하시고 동해교회에 부임하신 것인지요? 어떻게 동해교회에 부임하시게 되었는지를 이야기해 주시기 바랍니다. |
| 임인채 | 서울에서 부교역자 생활을 하던 중 섬기던 교회의 담임 목사님의 추천을 받고, 기도하던 중에 하나님의 인도하심으로 동해교회에 부임하게 되었습니다. 선하신 하나님께서 동해교회로 마음을 주셨습니다. 확신을 가지고 내려오게 되었습니다. |

| 박성배 | 임인채 목사님께서 29년 전 동해교회에 부임했을 당시의 교회 상황은 어떠했는지요? |
| 임인채 | 29년 전의 부임 당시의 상황은 시골적인 분위기였고, 전통적인 장로교회였습니다. 답답하고 모든 부분이 교회의 분위기, 시스템이 지방 소도시의 오래된 장로교회의 모습을 가지고 있었습니다. 장로님들의 나이가 50대 중반부터 60대였습니다. 장로님과 젊은 목사와 소통이 안 되었습니다. 변화를 원하지 않기에 젊은 목사가 있기에는 힘들었습니다. |

| 박성배 | 현재 목회하시는 동해교회를 굴지의 교회로 성장시켜 오시는 동안 여러 가지 어려운 일들이 있으셨을 텐데, 가장 힘들었던 일은 무엇이었나요? |
| 임인채 | 장로님들과의 관계도 힘들었고, 서울과 지방의 분위기 |

너무 달라서 적응이 힘들었습니다. 변화를 거부하는 것이 제일 힘들었습니다. 기득권을 내려놓고 싶어 하지 않았습니다. 벽에 부딪힌 것 같은 느낌을 받았습니다. '어떻게 돌파를 했는가?'를 스스로 돌아보면, 처음에는 좌절하고 낙심했었습니다. 몇 년만 있다가 떠나려고 했었습니다. 그러나 기도하는 가운데 어느 날 하나님께서 뼈를 붙으라는 마음의 감동을 주셨습니다. 그래서 '일사각오 정신으로 해보자. 해도 안 되면 떠난다'는 생각을 했습니다. 임전무퇴로 하나님께 기도하면서 하나님께 기도하는 길밖에는 다른 방법이 없었습니다. 포기하거나 뒤로 물러서지 않는 마음으로 했습니다. 그 당시에는 40대 초반의 젊은 목사였기에 더욱 힘들었습니다.

목회 29년 동안 힘들었던 이야기가 많이 있었지만, 하나님의 은혜로 잘 극복하고 여기까지 오게 되었습니다. 첫째로, 하나님 앞에 엎으려 기도했습니다. 둘째로, 이를 악물고 참았습니다. 셋째로, 임전무퇴의 자세로 목회했습니다. '여기서 목회하다가 죽으리라'로 했습니다. 보이지 않는 영적 전쟁에 하나님이 도와주서서 12명의 장로님들과의 어려움을 잘 극복하고 승리할 수 있었습니다.

박성배 장로님들과의 관계는 어떻게 하는 것이 바람직하다고 생각하시는지요?

임인채 목회자와 장로의 올바른 관계는 마치 부부 관계와 같다고 생각합니다. 마치 한 배를 탔다는 정신으로 임해야 합니다. 장로님들은 그런 생각을 하지 않는 것 같습니다. 부부관계란 목사는 남편이고, 장로는 부인의 역할입니다. 우선 남편 된 목회자가 잘해야 합니다. 부부관계와 같다는 것은 정이 안 생기면 원수가 될 수도 있습니다. 정과 사랑이 없을 때는 목회자와 장로가 적과의 동침 같이 될 수도 있습니다. 목회자는 장로를 동등하게 보지 말고 양으로 보고 긍휼히 여겨야 합니다. 정 없는 양이라고 생각해야 합니다. 신학을 공부할 때, 목회 실천을 가르쳐 주신 임택진 목사님은 "교인은 양이다. 사람이 아니다. 목회자는 교인을 양으로 생각해야 한다"라고 가르쳐 주셨습니다. 목회자와 장로의 관계를 정리하자면 첫째로, 부부관계이고 서로 사랑하고 이해하고 살아야 합니다. 둘째로, 목자와 양과 같습니다. 목사는 장로를 양으로 생각해야 합니다. 주위 좋은 목자입니다. 목자의 심정으로 양을 대해야 합니다.

박성배 임인채 목사님은 동기 목사님들 사이에서도 목회를 성공적으로 잘하신 것으로 인정을 받고 있습니다. 저도 지난번에 동해교회를 방문하여 임인채 목사님과 대화를 나누어 보면서 깊은 신뢰를 갖게 되었습니다. 임인채 목사님의 목회를 신실하게 하는 비결이 있다면 무엇인지요?

임인채 늘 하나님의 은혜를 사모했습니다. 은혜가 충만해야 한다는 마음으로 열심히 배웠습니다. 세미나, 부흥회 때 앞자리에서 은혜를 받았습니다. 늘 하나님 앞에 기도하였습니다. 목회를 신실하게 한 비결은 하나님의 은혜를 구하는 것이었습니다. 하나님께서 저를 불쌍히 여겨주셔서 목회를 잘하게 되었습니다.

박성배 바람직한 장로상은 어떠해야 한다고 생각하시는지요?

임인채 목사를 사랑해 주는 장로, 긍휼히 여겨주는 장로가 중요합니다. 지치고 상한 심령으로 집에 온 남편을 위로해 주고 반가워해 주는 아내처럼 장로는 목회자를 위로해야 합니다. 장로는 목사의 위로자가 되었으면 좋겠습니다. 불쌍히 여기는 마음으로 위로해 주었으면 좋겠습니다. 장로의 격려와 위로를 받고 목회자는 목회를 열심히 하게 됩니다. 목회자를 위로하는 장로가 훌륭한 장로입니다. "낯선 곳에 온 목회자를 긍휼히 여겨달라"고 장로님들에게 이야기를 했었습니다. 목사는 목회를 마치면 정들었던 제2의 고향인 목회지를 떠나야 하니 장로는 목회자를 불쌍히 여겨달라는 말을 했던 것입니다.

총회에 제안하고 싶은 것은 장로님들도 내각 책임제로 다시 신임을 얻어야 한다는 것입니다. 장로님들도 다시 3분의 2 이상의 신임을 얻어야 합니다. 동해교회는 다음 주에 임직하면 장로님이 12분이 됩니다. 바람직한 장로가 되기 위해 장로님들께서는 첫 번째로, 목사의 보호자, 위로자와 격려자가 되었으면 좋겠습니다. 두 번째로, 신앙과 교회생활의 모범이 되었으면 좋겠습니다.

박성배 제가 듣기로는 김영옥 사모님께서도 동해교회를 사랑하는 마음으로 큰 헌신을 하신 거로 알고 있습니다. 목회에서 사모의 역할은 무엇이라고 생각하시는지요? 사모님께 고맙다는 이야기를 한마디 해주시지요.

임인채 사모는 목회의 반 이상을 감당합니다. 사모를 잘 만나야 목회를 잘할 수 있습니다. 사모는 목회의 최고 동역자입니다. 사모를 잘 활용해야 합니다. 교인들의 이야기로는 "사모님 욕하는 사람은 없다"고 합니다. 아내 김영옥 사모는 장로님들께 명절 때 선물하고, 생일 꽃바구니도 몇 년을 했습니다. 주일이 되면 한복을 입고, 제 자리에서 앉아 있다가 오곤 했습니다. 철 따라 한복을 입으면 옷 걱정을 할 필요가 없었습니다. 품격 있게 하였습니다. 주방 일, 교회 일은 간섭을 하지 않았습니다.

가난한 사람들에게 나누어 주는 일을 했습니다. 사모의 역할은 너무나도 중요합니다. 사모가 살면 목사도 살고 교회도 삽니다. 아내 김영옥 사모는 목사인 저한테는 야당이었습니다. "똑바로 하세요"라고 말할 정도였습니다. 설교에 대해서는 일절 언급하지 않았습니다. 목사인 제게 교인들의 여론을 전달해 주었습니다. 교인들에게 상처를 주는 일은 하지 않았습니다. 목회 동역자로 한 알의 밀알이 되어준 아내 김영옥 사모에게 "진심으로 고맙다"는 말을 하고 싶습니다.

박성배 임인채 목사님의 목회 이야기를 듣다 보니 벌써 마칠 시간이 되었습니다. 동해교회에서 어떤 목회를 해오셨고, 은퇴 후에는 어떤 비전과 계획이 있으신지는 다음 주에 한 번 더 모시고 말씀을 나누도록 하겠습니다.

박성배　임인채 목사님이 목회하시면서 제일 중요하게 여기는 성경 말씀은 어떤 말씀인지 읽어주시고, 설명을 해주시면 감사하겠습니다.

임인채　로마서 8:28, 시편 18:1, 하나님이 나의 힘이 되었습니다. 주님밖에 의지할 것이 없었습니다.

로마서 8:28 우리가 알거니와 하나님을 사랑하는 자 곧 그의 뜻대로 부르심을 입은 자들에게는 모든 것이 합력하여 선을 이루느니라

시편 18:1 나의 힘이 되신 여호와여 내가 주를 사랑하나이다

박성배　마지막으로 기도 제목을 나누어 주시기 바랍니다.

임인채　기도 제목은 동해교회에서의 목회를 잘 마칠 수 있도록 기도해 주시기 바랍니다.

박성배　〈박성배 목사의 책쓰기 코칭〉, 오늘은 동해교회 임인채 목사님과 함께 한 시간이었습니다. 극동방송 애청자 여러분, 그리고 통일이 되면 만나게 될 북녘 동포 여러분, 다음 시간에 뵙겠습니다.

은퇴 없는 100세 현역으로 인생 꽃피다 ②

임인채 목사와 인터뷰

박성배	극동방송 가족 여러분, 한 주간도 평안하셨습니까? 〈박성배 목사의 책쓰기 코칭〉, 오늘은 지난주에 모셨던 동해교회 임인채 목사님을 한 번 더 모시고 목회와 은퇴 후의 계획 등에 대해 이야기를 나누어 보겠습니다.
박성배	먼저 임인채 목사님께서 극동방송 애청자들에게 인사를 나누어 주시기 바랍니다.
임인채	극동방송 애청자 여러분, 지난주에 뵌 동해교회 임인채 목사입니다. 반갑습니다.
박성배	오늘은 '동해교회 목회 이야기'를 중점적으로 나누어 보겠습니다. 2024년 교회 요람에 보니까, 동해교회의 비전과 사명에 대해서 감동적으로 기록해 놓으셨는데, 그 이야기를 해주시기 바랍니다.
임인채	동해교회의 비전과 사명은 예수님이 열두 제자를 훈련하여 세계 복음화를 하셨던 것처럼 동해시 복음화를 위해서 일했습니다. 전도와 선교를 위해서 교인들을 두날개 비전으로 훈련시켰습니다. 전도와 양육에 힘썼습니다.

그 힘으로 선교와 봉사를 했습니다. 사회 봉사도 많이 했습니다.

박성배 동해교회의 7대 목표는 무엇인가요?

임인채 영감이 넘치는 예배, 전인적인 소그룹, 필요 중심적인 전도, 열정적인 영성, 은사 중심적인 사역, 사랑이 넘치는 교제, 지역과 민족과 세계 복음화입니다.

박성배 동해교회의 목회 방향은 '전도와 기도에 올인하는 우리 교회'(막1:35, 38)인데, 그 이야기를 해주시기 바랍니다.

임인채 전도와 기도에 올인하는 동해교회입니다.

박성배 동해교회 연혁에 보면, 목회자들이 길게 계시지 못했고, 오직 임인채 목사님이 29년을 계시면서 처음 원로목사님이 되신다고 들었는데, 동해교회의 역사에 대해 이야기를 해주시지요?

임인채 83년이 된 동해교회입니다. 1941년 12월 말에 설립된 교회입니다. 전통적인 장로교회였습니다. 환경이 어려웠습니다. 젊은 목회자는 도시로 가고 싶어 해서 모두 떠났습니다. 교회에서 힘들게 해서 떠난 경우도 있었습니다. 전임 목회자들이 8년, 5년 정도씩 계시다가 떠났습니다. 저는 교회가 54년 되던 해에 15대 담임목사로 이곳에 왔습니다. 하나님의 크신 은혜로 동해교회 역사에 처음으로 원로목사가 되었습니다.

박성배	임인채 목사님이 29년 목회하신 동해교회에서 2024년 12월에 은퇴를 하시는데 그에 대한 소감과 후임은 어떤 목회자가 되었으면 좋은지, 평소의 생각을 나누어 주시기 바랍니다.
임인채	하나님의 은혜가 아니면 여기까지 올 수 없었습니다. 후임 목회자는 신실한 목회자였으면 좋겠습니다. 착한 성품에 열정을 가진 목회자였으면 좋겠습니다. 설교를 은혜롭게 했으면 좋겠습니다. 이제 동해교회는 모든 것이 잘 갖추어졌으니, 후임 목회자는 설교만 잘하면 될 것 같습니다. 목회자는 설교와 성품이 좋아야 합니다. 열정이 있었으면 좋겠습니다.
박성배	목회에 제일 보람된 일과 후회되는 일이 무엇인지요?
임인채	교인들이 신앙생활을 잘할 때, 목사를 좋아할 때, 보람을 느낍니다. 동해교회에서 자란 청년들이 잘될 때도 보람을 느낍니다. 후회되는 일은 성도들과 장로님들에게 '좀 더 따뜻하게 했었으면 좋았었겠다'는 아쉬움이 있습니다. 장로님들과 웃으면서 스펀지처럼 흡수하고 품는 목자의 마음으로 목회하지 못한 것이 제일 아쉽습니다. 동해교회에서의 29년 목회를 회고해 보면, 처음에는 힘들었습니다. 그러나 지금은 목자의 마음으로 목회하게 되었습니다.
박성배	필리핀 선교에 조용히 헌신하셔서 많은 교회를 세웠고,

그래서 이번에 필리핀에서 명예박사를 받으셨는데, 저는 목회와 선교를 성실히 감당한 진실된 목회자에게 주는 주님의 칭찬이라고 생각됩니다. 필리핀 선교 이야기를 해주시지요?

임인채   20년 전에 처음 필리핀 민도로 섬의 망향족을 보면서 눈물이 났습니다. 키가 작고 검은 사람들이었습니다. 산에 가서 살고 있었습니다. 문화생활도 없었습니다. 머리도 감지 않았습니다. 그들을 보면서 눈물이 나서 견딜 수가 없었습니다. 도와주자는 마음으로 20년간 현지에 선교사를 파송하고 교회를 60여 개를 세웠습니다. 쌀, 과자, 등과 사역자에게 매월 250만 원씩 보냈습니다. 10만 원 가지고 한 가족이 다 살았습니다. 선교 센터도 세우고, 초등학교에서부터 대학까지 세웠습니다. 민도로에 세우고, 마닐라에는 선교 센터 두 개를 세웠습니다.

처음에는 700만 원이면 예배당을 건축했습니다. 동해교회 교인들이 헌신을 많이 했습니다. 이제 저는 후임 목사님께 바통을 물려주고 한 발 뒤로 물러서려고 합니다. 11월 말에 후임 목사님과 같이 가서 인수인계를 하려고 합니다. 후임 목사님은 11월 셋째 주에 부임합니다. 11월 12일에 동해교회로 이사합니다.

박성배   앞으로 어떤 목회의 계획들이 있으신지요?

임인채   건강과 영성이 하락하는 한 순회 선교사로 사역을 하고 싶습니다. 후배 목사들을 상담해 주고 싶습니다. 이번에 책에 쓴 내용 중에 '임인채 목사의 7가지 제안'이 있는데, 책에 쓴 그 내용을 중심으로 후배 목사님들의 목회 컨설팅과 상담을 해주고 싶습니다. 위로받아야 할 목회자가 많이 있습니다. 자포자기한 목회자를 위로하고 격려하고 싶습니다. 작은 미자립 교회들을 한 달에 한 번씩 가서 설교하고 헌금도 하고 싶습니다. 십일조도 하고 식사도 대접하면서 위로와 격려를 해드리고 싶습니다.

박성배 마지막으로 기도 제목을 나누어 주시기 바랍니다.

임인채 한국 교회를 위해서 열심히 기도하고 동해교회 후임 목사가 목회를 잘하는 것이 기도 제목입니다. 서울로 이사한 후에는 박성배 목사님과 함께 극동방송을 통한 방송 선교를 함께하고 싶습니다. 30여 년의 목회 경험을 책에 다 쓴 대로 방송을 통해서도 상담해 주는 일을 하고 싶습니다.

박성배 〈박성배 목사의 책쓰기 코칭〉, 오늘은 동해교회 임인채 목사님과의 시간이었습니다. 더 나누고 싶으신 이야기는 책으로 기록해서 남기는 것도 교회와 후빈을 위해서 유익하리라 생각합니다. 좋은 기록을 책으로 쓰신 후에 또 모시고 이야기를 나누어 보도록 하겠습니다. 극동방송 애청자 여러분, 그리고 통일이 되면 만나게 될 북녘 동포 여러분, 다음 시간에 뵙겠습니다.

방송 녹음 후(박성배 목사, 임인채 목사)

임인채 목사,
동해교회 29년 목회 감동을 방송에서 진솔하게 고백

임인채 목사

1954년 11월 18일 전라북도 익산군 함열읍 와리 242번지에서 임일승 권사와 박정희 권사의 사이에서 2남 2녀 중 장남으로 태어났다. 1956년 3월에 유아세례를 받고, 독실한 기독교 가정에서 성장하였다. 1977년 77민족복음화 대성회 마지막 날 밤 하나님께 평생을 헌신하는 간절한 서원기도를 드렸다. 그 후 1979년 가을에 목회자로 부름을 받고 29세의 나이에 장로회신학대학교에 82기로 입학하였다. 목회자로서의 사역은 신학대학 2학년 때인 1983년부터 시작되었다. 1991년 1월부터 1996년 3월까지는 서울 광암교회에서 부목사로 섬기었다. 광암교회에서 부목사로 있는 동안 충성스럽게 교회를 섬김으로써 과거에 동해교회 담임목회자였던 이상섭 목사의 절대적인 신임과 추천으로, 1996년 4월 동해교회 15대 담임목사로 부임했다.

동해교회 부임 후 2년째부터 '가족 이웃 초청' 총동원 전도 운동을 시작하여, 이 전도 운동을 수년 동안 지속하여 장년 출석 교인 수가 부임 당시 500여 명에서 800여 명으로 성장하게 되었다. 이후 목양일념(牧羊一念)으로 헌신한 결과, 동해교회는 여러 부문에서 성장과 발전을 이루어 가고 있다. 560여 평의 교육관(봉사관) 신축과 본당 리모델링 공사, 4층 5가구 사택 신축, 그리고 1,000여 평의 주차장 부지 매입 등 동해교회의 대규모 인프라를 구축하였다. 필리핀에 선교사를 파송한 후 초등학교에서 대학교까지 설립하고, 60여 개의 교회를 개척한 공로로 필리핀에 설립한 복음신학대학교에서 명예 신학 박사학위를 받았으며, 극동방송과 CBS에서 방송을 통해서도 은혜로운 말씀을 전하였고, 그의 복음적이고 은혜로운 설교는 동해교회를 동해시의 대표적인 교회가 되게 하였다.

동해서 기독교 연합회장과 교경협의 회장을 역임했고, CBS 영동방송 운영이사, 한국기독교 군선교연합회 영동지회장, 그리고 선교단체인 장신선교 이사장과 동해시 청소년수련원 운영위원장, 사단법인 푸른 동해 법인 이사장, 동해시 주민협의회 공동대표, 학교법인 광희학원(광희 중·고,한중대) 관선 이사장 등의 사회를 향한 봉사를 하였다. 동해교회 역사상 최장수 담임목사이며, 동해교회 성도들로부터 큰 존경과 사랑을 받고 있는 목회자이다. 총회 한국 장로교 출판사 이사장, 군경 교정 선교부 부장, 국내 선교부장, 연금 재단 이사, 장신대 총동문회장, 강원 동노회 노회장을 역임했다.

문의

- Mobile / 010-3393-0084
- E-Mail / lim-ic@hanmail.net

십자가의 사랑을 나누며 인생 꽃피다

김영옥 사모와의 인터뷰

박성배   극동방송 가족 여러분, 평안한 주일 보내고 계십니까? 〈박성배 목사의 책쓰기 코칭〉, 오늘은 동해교회 임인채 목사님의 아내로, 사모님의 역할과 지역의 사모님들을 위해서 소그룹으로 십자가의 도를 가르치고 주님의 사랑을 나누며 살아가시는 김영옥 사모님을 모시고 이야기를 나누어 보겠습니다.

박성배   먼저 김영옥 사모님께서 극동방송 가족들에게 인사를 나누어 주시기 바랍니다.

김영옥   극동방송 가족 여러분 반갑습니다. 동해교회에서 임인채 목사님을 도와서 30여 년간 기도하며 사모의 역할을 하고 있는 김영옥 사모입니다.

박성배   김영옥 사모님의 남편 되시는 임인채 목사님은 저와 장신대 신학대학원 82회 동기입니다. 김영옥 사모님은 목회자의 사모로서의 역할, 자녀들을 양육하는 역할, 또 주변의 사모님들을 위해서 소그룹으로 '십자가의 도'를 나누는 일을 하고 계시다고 들었습니다. 먼저 사모로서의 역할에 대해서 여쭈어 보겠습니다. 처음 동해교회에 부임해서는 적응이 힘드셨을 텐데, 어떻게 적응하시면서 남편을 도와서 큰 교회를 이루는 데 한 알의 밀알과 같은 역할을 하시게 되셨는지요?

김영옥　목사님이 목회하시는 현장에서 목사님이 보지 못하는 부분들, 특히 힘들어 하고 시험 들어 넘어져 있는 성도님들을 찾아가며 세워나가는 사역이 시작이었습니다. 목사님과 심방하는 중 성도님들의 사연을 듣고서 경제적 문제, 가정 문제, 건강 문제 등 이런 고민을 가진 분들끼리 소그룹을 만들어 진행하면 좋겠다고 생각했습니다. 구체적으로는 큐티 사역, 말씀 사역, 영성 훈련, 전도 소그룹, 책 나눔(십자가의 도) 등의 방법으로 진행했습니다.

특별히 20세기 초 영국의 '영적 거인'이라고 불리는 제시 팬 루이스가 저술한 《십자가의 도》라는 책을 활용했는데요. 때마침 미국에서 목회하시는 이현수 목사님이 두란노에 오셔서 이 책의 내용을 알아듣기 쉽게 강의하셔서 큰 감동을 받았습니다. 그래서 당시 테이프 열여섯 개를 구매해서 성도님들에게 나누어 드리고, 두 개씩 듣고 깨달은 것을 노트에 기록해 와서 같이 나눔을 가졌습니다. 이때 함께 한 성도님들에게 큰 변화가 일어났습니다. 성도님들이 자신들에게 일어난 문제로 염려와 두려움을 갖고 있었는데 문제를 통해 자신을 바라보게 되고, 또 혼자 일어서는가 하면, 영적 성숙이 이루어지고 문제를 쉽게 해결해 나가는 것을 보았습니다. 그래서 동해교회 성도님들, 사모님들, 그리고 지역 교회 사모님들과 이 책으로 지금까지 나눔을 진행하고 있고 여기까지 오게 되었습니다.

박성배 목회자의 사모로서 30여 년을 살아오면서 제일 힘들었던 일과 보람된 일은 무엇이신지요?

김영옥 힘들었던 일은 사실이 아닌 말들을 만들어 잘못된 소문이 났을 때 해명할 수도 없고 설명할 수도 없어서 너무 억울했는데 그때가 가장 힘들었습니다. 감사하게도 내가 할 수 있는 것이 없어서 하나님께 맡기고 기다리다 보니 하나님께서 문제를 잘 해결해 주셨습니다. 보람된 일은 성도님들이 훈련받으면서 변화되어 가고 십자가 생활을 반복하면서 행복해하는 모습을 볼 때입니다.

박성배 자녀들을 믿음으로 잘 키우신 거로 들었습니다. 아드님은 의사이고, 따님은 목회자의 길을 걷고 있다고 들었는데, 좀 자세히 이야기를 해주시지요?

김영옥 처음 동해로 내려올 때 자녀 교육이 가장 걱정되었습니다. 초등학교 6학년 아들과 1학년 딸이 있었는데, 서울에서 공부를 곧잘하던 아들이 노는 시간이 많아졌고 노는 친구들을 사귀기 시작했습니다. 걱정은 됐지만 하나님께 맡기고 기도하던 중 온누리교회 콘퍼런스에 참석하게 되어 한동대 총장 사모님의 간증을 들으면서 한동대학교에 아들을 보내고 싶었습니다.

그러던 어느 날 40일 작정 기도를 하기로 결정하였고, 아들이 학교에 갔다 오면 아들과 함께 성전의 기도실에서 함께 기도하기 시작했습니다. 아들이 불평 없이 따라주어 40일 작정 기도를 잘 마치게 되었습니다. 그 후 고등학교에 들어가면서 성적이 오르기 시작했고, 그래서 한동대에 들어가게 되었습니다. 졸업 후 의료 선교에 꿈을 갖게 되어 의학전문 대학원에 들어가 다시 의학 공부를 시작했고, 현재는 이식외과 교수로 일하고 있습니다.

딸은 어린 나이에 낯선 곳으로 이사를 왔는데, 제가 암 치료를 받은 지 얼마 되지 않았을 때였고, 또 목사님 목회를 함께 도우며 바쁘게 일할 때여서 신경을 많이 쓰지 못했었습니다. 그러다 딸이 초등학교 고학년 때 친구들에게 따돌림을 당하며 많이 힘들어했습니다. 그때 이 아이로 하여금 똑같이 나쁜 마음을 갖는 것보다는 그 친구들과 다르게 이해와 용서의 마음을 갖는 것을 가르쳐 주려 노력했습니다. 그 이후로 딸 아이는 자신과 비슷한 아픔을 가진 사람들을 이해하고 공감하려 노력하는 어른으로 자라났습니다. 장로회신학대학교 기독교교육과를 나와 장신대 신대원을 졸업했고, 현재는 목사가 되었습니다. 또 대학원에서 기독교와 문화를 공부하여 문화선교연구원에서 연구원으로 기관목회를 하고, 주일에는 교육목사로 아이들을 가르치는 사역에 힘쓰고 있습니다.

박성배   동해교회의 사모로서 성도들을 위해 기도하시는 일과 더

불어 주변의 사모님들을 위해서 예수님의 십자가의 도와 사랑을 가르치고, 나누고 계시다고 들었습니다. 구체적으로 어떻게 하시는지 이야기를 해주시기 바랍니다.

김영옥 지역 사모님들과는 매주 목요일에 모여서 책을 읽고 나누면서 그동안 숨겨두었던 고민 들을 성령님 앞에서 나누며 서로 듣고 공감하며 서로의 아픔을 위해서 함께 기도하고 있습니다. 잔느 귀용의 자서전인《예수 그리스도를 깊이 체험하기》,《영혼의 폭포수》,《십자가의 도》등 많은 책을 나누었고 식탁 교제 등으로 행복한 시간을 보내며 지내왔습니다.

저는 동해교회에 와서 부목사님 사모님 구역을 따로 만들었습니다. 성경 공부가 부족해서가 아니었습니다. 사모들이 먼저 십자가 생활화를 매주 적용한다면 앞으로 담임목사로 나갈 때 성도들을 바로 세워주는 데 보탬이 될 수 있을 거라는 기대가 있었기 때문이었습니다. 물론 구역에서 저 혼자 외친다고 해서 되는 것은 아니지만, 그래도 계속 이것을 나누다 보면 언젠가는 개개인에게 큰 깨달음이 올 수 있을 것이라는 믿음을 가졌습니다. 그래서 29년 동안 구역예배 때마다 이것을 함께 나누었습니다.

또 강원도 지역에 있는 몇몇 사모님들과도 모임을 통해 십자가의 도를 나누었습니다. 저는 동해교회에 온 지 얼마 안 되어 강원동노회 교역자 부인회의 임원을 맡게 되었습니다. 그래서 더 빨리 지역 사모님들과 만날 수 있었

118

습니다. 과거의 저처럼 겉으로는 믿음은 좋게 보이나 십자가의 삶으로 적용하지 못한 사모님들이 계신다면 그분들을 돕고 싶다는 마음 때문이었습니다. 사모가 먼저 살고 그로 인해 교인들이 함께 사는 교회를 꿈꾸며 이 모임들을 주선해 나갔습니다. 처음에는 저의 이런 견해에 반발하는 사모님도 계셨습니다. "남편 내조만 잘하며 조용히 살면 되죠." 하지만 모임에서 《사모가 살아야 교회가 산다》라는 책을 함께 읽은 후 많은 분들의 생각이 달라지기 시작했습니다. 사실 사모님들이 모임에서 자신의 이야기를 솔직하게 나눈다는 것은 쉽지 않은 일이었습니다. 하지만 제가 성령님 앞에서 먼저 솔직히 나누기 시작하자 또 다른 분들이 솔직한 이야기들을 나누기 시작했습니다. 우리는 맛있는 점심이나 간식을 준비해 와서 함께 먹으며 묵상하고 나눔을 하는 귀한 시간을 가졌습니다.

그러던 어느 날, 어떤 사모님께서 큰 어려움을 당했다는 이야기를 듣게 되었습니다. 그동안 열심히 목회를 해왔는데 장로님들이 갑자기 나가라고 해서 생계가 어려워졌다는 것이었습니다. 그 사모님을 도와드리기 위해 우리는 몇 분의 다른 사모님들과 함께 찾아뵈었는데, 한 시간여 동안 그간의 이야기를 들려주셨습니다. 그래서 위로 차원에서 식사를 대접하면서 저는 그 사모님께 갈라디아서 2장 20절의 말씀과 함께 '사건'을 바라볼 것이 아니라 일하고 계시는 하나님과 그에 대한 나 자신의 반응을 바라봐야 한다고 말씀드렸습니다. 물론 지금은 억울하고 분하지만 나를 바라보고 계시는 하나님의 존재만 느끼게 된다면 위로를 얻을 수 있기 때문입니다. 그 이후 그분 덕분에 또 다른 사모님 나눔 팀을 하나 더 만들게 되었습니다. 그래서 우리 노회 사모님들과 함께 모이기 시작했습니다. 함께 맛있는 식사를 하며 일상을 나누기도 하고 그간 말하지 못했던 속 이야기들을 자연스럽게 꺼내면서 십자가로 적용하며 생활화하는 연습을 했습니다. 매주 목요일마다 모임을 기다리며 우리는 우리 자신의 삶에서 변화가 일어나고 있음을 느꼈습니다. 이렇게 저와 사모님들은 행복한 모임을 함께 해왔습니다. 아쉬운 것은 이제 은퇴를 바로 앞두고 있어 더 이상 자주 만날 수 없다는 것입니다. 물론 인간적으로 매우 아쉽지만 저는 성령님의 음성에 순종하는 삶을 살아가기 위해 헤어짐의 슬픔을 넣어두려 합니다. 앞으로 어떻게 인도하실지 모르지만 좋은 길로 인도해 주실 성령님을 기대하고 있습니다.

박성배 지난번 임인채 목사님의 인터뷰에서 사모의 역할이 51% 라고 하셨는데, 목사님을 위해서 기도하고, 특히 대하기 어려운 장로님이나 권사님들을 어떻게 대하시면서, 십자가의 사랑을 실천해 오셨는지가 궁금합니다.

김영옥 제가 유치원 교사로 일하고 있을 때 목사님은 학부 1학년을 마치고 2학년 5월에 결혼을 하면서 계속 직장생활을 했고, 무사히 대학원까지 마치게 됐습니다. 부교역자로 있으면서도 계속 유치원 원장으로 일을 했기 때문에, 동해교회에 가서 어떻게 목사님을 도와드려야 할지 걱정이 되었습니다.

그동안 오랫동안 다양한 학부모들과 교사들을 만나면서 많은 사람들을 경험했기 때문에 성도님들을 만나는 것은 그리 어렵지 않았습니다. 오래된 전통교회인 데다가 연세가 많으신 은퇴장로님과 시무장로님들이 열다섯 분 정도 계셨는데 어느 날 새벽기도 중 어른들이신 장로님들을 무조건 섬겨야겠다는 마음의 감동이 왔습니다.

그래서 명절이 되면 과일이나 선물을 준비해서 작은 편지에 목사님 성함을 쓰고 장로님 댁에 일일이 배달해 드렸고 성지순례나 해외여행을 다녀올 때도 작은 것이라도 항상 선물을 사서 드렸습니다. 사실 선물보다도 저희 마음을 드리고자 했던 것이죠. 병원 심방을 할 때는 반찬을 만들어 가지고 가고, 연세가 많으신 분들에게는 호박죽을 준비해서 가져다 드리는 등 최선을 다해 어른들을 섬겼습니다.

박성배 임인채 목사님과 김영옥 사모님은 2024년 12월로 정년 은퇴를 하시는 거로 알고 있습니다. 은퇴 후의 계획에 대해서 이야기를 해주시기 바랍니다.

김영옥 아이들이 어릴 때는 제가 직장을 다니느라 바빴고, 동해교회에 와서는 목회하느라 바빠서 아이들과 함께하지 못했던 것이 늘 아쉽고 미안해서 은퇴하면 자녀들 가까운 곳으로 이사해 자주 만나면서 지내려고 합니다. 아들, 딸이 손주를 안겨주어서 그 아이들을 돌보아 주면서 살고 싶고 그동안 십자가의 도를 많은 사람에게 가르친 것처럼 이제는 십자가의 삶을 내가 직접 살아내면서 행복한 가정을 이루기 위해 헌신하려고 합니다.

박성배 목회자의 아내로 살아오면서 중요하게 여기는 성경 구절, 찬송가 등 혹은 더 하고 싶으신 말씀이 있으시면 해주시지요?

김영옥 갈라디아서 2장 20절입니다.

박성배 마지막으로 기도 제목을 나누어 주시기 바랍니다.

김영옥 자녀들과 함께 행복한 가정으로 살아가는 것, 우리 부부가 은퇴 후에도 영육 간에 강건하며 성령님께 예민하게 더 집중하는 삶을 살기를 바라며, 동해교회가 예수님 오실 때까지 건강하고 든든한 교회로 계속 성장하기를 바랍니다.

박성배 〈박성배 목사의 책쓰기 코칭〉, 오늘은 김영옥 사모님과의 소중한 시간이었습니다. 극동방송 애청자 여러분, 그리고 통일이 되면 만나게 될 북녘에 계신 여러분, 다음 시간에 뵙겠습니다.

김영옥 사모

동해교회 임인채 담임목사의 아내이다. 2024년 은퇴 후에도 책을 읽고 나눔을 계속하고자 한다. 노회의 사모님들을 대상으로 '십자가의 도'를 나누고, 십자가의 생활화를 적용해 왔다. 남편 임인채 목사님이 동해교회에서 목회하는 30여 년 동안 사모로서 십자가의 도를 묵묵히 실천해 오면서, 동해교회 성장에 한 알의 밀 알이 되었다.

예수님의 십자가의 도와 사랑을 동해교회 30여 년 목회 여정 동안 남편 임인채 목사를 도와서 실천했기에, 성도들로부터 신뢰와 사랑을 받게 되었다. 주변의 사 모님에게도 소그룹으로 예수님의 십자가의 도와 사랑을 나누고 있는 행복한 사 모이다. 기도하며 키운 아들은 의사, 딸은 목회자의 길을 걷고 있다.

문의

- Mobile / 010-3393-0084
- E-Mail / lim-ic@hanmail.net

영성신학과 영성목회로 인생 꽃피다 ①

이경용 목사와의 인터뷰

박성배   극동방송 가족 여러분, 한 주간도 평안하셨습니까? 〈박
성배 목사의 책쓰기 코칭〉, 오늘은 영성신학과 영성목회
를 추구해 오신 청주영광교회를 담임하시는 이경용 목사
님을 모시고 영성사역자로 세워지기까지의 이야기를 나
누어 보겠습니다.

박성배   먼저 이경용 목사님께서 극동방송 애청자들에게 인사를
나누어 주시기 바랍니다.

이경용   극동방송 애청자 여러분 반갑습니다. 청주영광교회에서
목회하는 이경용 목사입니다.

박성배   이경용 목사님께서는 좋은 책들을 계속 써오시면서 영성
신학자로서 사역을 해오셨고, 또 목회를 하고 계신 거로
알고 있습니다. 목사님께서는 캐나다 토론토에서 영성신
학을 공부하셨고, 풀러신학교에서도 영성신학을 공부하
셨는데, 영성신학에 관심을 갖게 된 계기는 어떻게 됩니
까?

이경용   제가 영성신학에 관심을 갖게 된 계기는 20여 년 전으로

거슬러 올라갑니다. 20년 전에 미국 유학을 준비했는데, 미국 비자가 나오지 않아 좌절된 일이 있습니다. 이미 교회에 사임도 이야기한 상태여서 매우 어려웠습니다. 캐나다 토론토에 있는 박태겸 목사와 절친인데요. 박 목사님에게 전화했더니 한마디로 쿨하게 "우리 집으로 와! 재워줄게"라고 하는 거예요. 당시 캐나다는 6개월 관광비자로 그냥 갈 수 있었거든요. 그래서 혼자서 캐나다로 갔습니다. 토론토에 가보았더니 장신대 동문들이 많았습니다. 오방식 교수, 최승기 교수, 박만 교수, 탁지일 교수, 곽수광 목사, 오명석 목사, 김규곤 목사 등 20여 명이 있었습니다. 그분들께 "미국 길이 막혀 토론토로 왔다. 공부할 게 뭐가 있느냐"고 물었더니 모두 다 Regis college를 추천해 주었습니다. 영성을 전문적으로 가르치는 학교입니다. 입학허가를 받고 2년간 영성신학을 공부하게 되었습니다. 미국 길이 막히고 캐나다 길이 열리고 영성신학을 공부하며 '하나님의 섭리'를 절감했습니다.

박성배 이경용 목사님은 꾸준히 좋은 책을 내오시면서 영성신학자로 귀한 사역을 해오셨는데, 처음에 어떻게 책을 쓸 생각을 했고, 첫 책은 어떤 책이었는지가 궁금합니다.

이경용 처음 책을 쓰게 된 동기는 제가 소망교회 부목사로 있을 때 윤동일 목사(무학교회 담임)와 친하게 지냈거든요. 어느 날 저에게 오더니 "이 목사님, 저 책 출간합니다"라며 자랑하는 거예요. 축하해 주고 원고를 보니 나도 쓸 수 있겠다는 자신감이 생겨서 그동안 준비한 원고를 정리해서 출판사 몇 군데에 보냈습니다. 감사하게도 예수전도단에서 출판하겠다고 연락이 와서 《말씀묵상기도》가 출간되었습니다. 이 책은 창세기 28장의 야곱의 하늘사다리 꿈을 해설한 책입니다. 하늘사다리 꿈을 전통적으로 Lectio Divina로 이해하거든요. 소망교회 부목사로 있는 동안 약 7년간 700~800명과 말씀묵상기도를 임상하며 쓴 책입니다. 목회 현장에서 경험한 것을 쓴 것이어서 목사님들과 성도들께 많은 공감이 될 겁니다. 10쇄까지 출간되었으니 정말 많은 분들께서 읽어주셨습니다.

박성배 이경용 목사님의 저서로 《칼빈과 이냐시오의 영성》(대한기독교서회), 《말씀묵상기도》(예수전도단), 《감정치유기도》(두란노), 《고난에 대한 다산 정약용과 욥의 대화》(영성나무), 《야곱의 기도》(두란노)와 공저로 《깨끗한 영성으로 기도하고 실천하기》(예수말씀연구소), 《기독교와 영성》(두란노 아카데미), 《목회 매뉴얼-영성목회》(한국장로교출판사), 《영혼의 친구》(KIATS) 등이 있는데, 쓰신 책들에 대해서 설명을 해주시기 바랍니다.

이경용 네 제 졸저인데 잠시 소개해드리겠습니다. 《칼빈과 이냐시오의 영성》은 제 학위논문을 조금 다듬어서 책으로 출간한 것입니다. 토론토 리니스 칼리지에서 공부한 것이 이냐시오 영성인데, 공부하며 제 가슴 속에서 칼빈의 영성과 이냐시오의 영성이 만나 두물머리처럼 합류하여 흐

른다는 생각이 많이 들었습니다. 풀러신학교 학위논문으로 칼빈과 이냐시오의 영성에 대해 썼고, 그것이 좀 다듬어져서 책이 되었지요.

《감정치유기도》는 아들 녀석의 극심한 사춘기가 계기가 되어 쓴 된 책입니다. 제가 소망교회 부목사로 있을 때, 아들이 중고등학생이었는데 엄청난 사춘기를 겪었습니다. 그때 소망교회도 약간 갈등이 있던 시기입니다. 아들과 교인들의 갈등을 보며 느껴지는 게, 인생 문제, 사춘기 문제, 신앙 문제도 결국은 감정의 문제로구나라는 것이 절감되었습니다. 그래서 성경 인물들을 감정이란 눈으로 보니 색다르게 해석이 되더군요. 성경의 인물들을 보면 감정으로 인해 망한 사람도 많지만, 감정을 극복하고 성숙한 사람들도 많지요. 전자가 가인과 사울이라면 후자는 다윗과 한나 같은 분들입니다. 저는 지금도 개인 영성과 교회 문제의 핵심엔 감정 문제가 있다고 봅니다. 목사와 장로 간에 감정적으로 평안하면 교회에 큰일이 없지요. 천국이지요. 그런데 한 번 감정이 꼬이면 이건 해결하기가 여간 어렵지 않습니다. 감정과 영성은 개인이든 교회든 아주 중요한 핵심 문제라고 봅니다.

아래 그림은 제가 오랫동안 생각하며 그린 것입니다.[이경용, 야곱의 기도(서울, 두란노, 2024), 144p]

감정은 마치 맹장같이 숨어있습니다. 평소에는 있는 둥 마는 둥 하지만, 한번 성이 나면 모든 것을 뒤집어엎지요. 사람이나 신앙과 영성을 생각할 때도 감정을 깊이 숙고

하는 게 아주 중요합니다. 땡감같이 떫은 감정(Emotion)을 홍시같이 달콤한 정감(Affection)으로 어떻게 변화시키느냐가 핵심 과제이죠. 저는 신앙의 성장과 성숙의 마지막 고개가 감정이라고 봅니다.

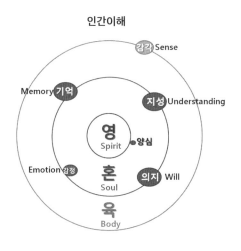

인간이해

박성배   쓰신 책 중에 《고난에 대한 다산 정약용과 욥의 대화》가 있는데, 어떤 내용의 책입니까?

이경용   이 책은 코로나 시기에 쓴 책입니다. 코로나 초기에 정부에서 주일예배를 드리지 못하게 하니까 많은 분들이 '안식월을 주시는구나' 하고 좋아했지요. 그런데 이게 4~5달 가니까 심각해진 것이죠. 저도 주일예배 한 번만 드리고 남은 시간을 어떻게 하나 고민이 많았습니다. 그리고 코로나가 고난이란 생각이 들면서 한국의 고난의 대명사 같은 분을 찾아보니 다산 정약용이 생각났습니다. 그래서 욥기를 읽고 묵상하며 다산 정약용의 발자취를 찾아

시간을 내어 관련 책과 논문을 읽어보았습니다.

그러는 동안 욥과 다산 정약용이 무엇인가 대화를 한다는 느낌을 강하게 받았지요. 아시다시피 정약용도 천주교 신앙으로 고난을 많이 받으신 분이잖아요. 한국 초기 천주교의 가장 핵심적인 인물이 다산 정약용입니다. 다산을 전제하지 않고서는 설명이 안 될 정도입니다.

저는 이 책에서 다산과 욥의 인생과 신앙에 대해 비교해 보았습니다. 재미있게도 욥의 자녀가 10명이고 다산도 10명입니다. 다산의 남은 자녀는 소실의 딸 홍임까지 4명이 살아남지요. 고난을 당하자 친구들이 떠나고 낙심하는 모습도 아주 비슷합니다.

욥은 "나의 가는 길을 오직 그가 아시나니 그가 나를 단련하신 후에는 내가 정금 같이 나오리라"(개역성경 욥기 23:10)라 고백하는데, 다산도《자찬묘지명》에서 "간사한 이 설쳐댐은 널 옥(玉)으로 쓰심이라"고 고백합니다. 뭔가 영적으로 일맥상통하죠.

혹시 내가 고난을 겪고 있다고 생각하는 분들이 있다면, 한번 읽어보시면 공감하는 부분이 많을 겁니다. 이 책은 코로나가 저에게 준 특별한 선물입니다. 앞으로 기회가 되면 다산에 대해 더 연구하고 싶고, 다산의 마음공부 신독(愼獨)에 대해 생각하고 있습니다.

박성배   영성신학과 영성목회를 추구하는 모임 '영성나무'의 회장이신데, 어떤 모임인지요?

| 이경용 | 영성나무 모임은 영성신학 교수님들과 영성신학 TH.M 을 하신 분들과 영성목회를 추구하는 목사님들의 모임입니다. 역사는 20여 년 되었고 회원은 70~80명 됩니다. 첫 번째 회장은 유해룡 교수님이 하셨고, 두 번째 회장으로 제가 섬기고 있고, 내년부터는 오방식 교수님이 맡아주실 겁니다. 일 년에 4차례 정기적인 세미나가 있고, 그중에 여름 1박 2일은 영성목회를 하는 목사님들의 실제 목회 경험을 나눕니다. 영성목회의 좋은 모델 교회들이 많이 나오길 기대합니다. |

| 박성배 | 총회 기도학교에서 영성신학과 기도에 대해 강의를 하신 것으로 알고 있습니다. 어떤 내용을 강의하시는지요? |
| 이경용 | 총회 기도학교에서 크게 두 가지를 강의합니다. 첫 번째는 영성 전반적인 부분을 개관하는 강의를 하고, 두 번째는 렉시오 디비나- 말씀묵상기도에 대한 강의와 실제 (Practice) 그리고 목회에 있어서 감정의 문제, 즉 감정과 영성을 주로 강의하고 서로 경험을 나눕니다. 목회 현장은 달라도 본질적인 면에서 서로 공감하는 부분이 아주 많지요. 서로에게 위로가 되고 힘이 됩니다. 저도 많이 배웁니다. |

| 박성배 | 영성신학과 영성목회 사역자로서 바른 영성관을 듣고 싶습니다. 크리스천이 가져야 할 바른 영성은 무엇입니까? |
| 이경용 | 바른 영성관을 한마디로 정의하기는 쉽지 않네요. 저 나 |

름대로 정의한다면, 예수님의 영성을 닮아가는 것이라 하겠습니다. 예수님의 영성은 4가지로 봅니다. 예수님의 성품을 닮아가는 것(온유하고 겸손하신 성품), 예수님의 능력을 덧입는 것(귀신을 쫓아내며, 용서하고 인내하시는 것), 예수님의 지혜를 배우는 것(가이사의 것은 가이사에게 하나님의 것은 하나님께), 예수님의 생애를 본받는 것(우는 자와 함께 울고, 강한 자에게도 너그러운 참 인격적인 자유한 모습)이라 봅니다.

박성배   현재 목회하시는 청주영광교회에서의 목회도 영성목회로 방향을 잡고 하고 계신지요?

이경용   네, 청주영광교회에서의 영성목회는 크게 두 가지입니다. 첫 번째는 말씀묵상기도를 강조합니다. 성경을 살아계신 하나님의 말씀으로 믿고 정성껏 읽고 묵상하며 하나님의 음성 듣기를 강조합니다. 성경 말씀 중에 살아계신 하나님 말씀이 한마디라도 분명하게 내게 들린다면 영적 변화가 일어나지 않겠습니까? 이를 위해 늘 강조하고요, 1년에 한두 번 말씀묵상기도를 1박 2일로 실습합니다. 전제는 1인 1실 침묵기도입니다. 많은 분들이 침묵 중에 말씀묵상기도를 하며 나에게 주시는 하나님의 말씀을 듣고 치유와 회복이 있다고 고백합니다.

두 번째는 인간이란 감정적인 존재입니다. 그러기에 나의 감정과 다른 이들(가족, 성도, 친구)의 감정도 늘 생각하고 배려하라고 강조합니다. 이것을 소위 '의식 성찰' 혹은 '감정 성찰 기도'라 합니다. 아무리 재물과 지식이 많아도 감정이 상처받으면 행복할 수 없고, 인생이 힘들어지거든요. 누구나 다 아는 것인데 실제로 얼마나 농밀하게 진실하게 기도하며 영적훈련을 받느냐가 관건이지요.

박성배 이경용 목사님의 목회 이야기를 듣다 보니 벌써 마칠 시간이 되었습니다. 최근에 신간《야곱의 기도》(두란노)를 출간하셨는데, 그 이야기는 다음 주에 한 번 더 모시고 말씀을 나누도록 하겠습니다.

박성배 이경용 목사님이 영성신학자로서 목회하면서 제일 중요하게 여기는 성경 말씀을 읽어주시고, 설명을 해주시면 감사하겠습니다.

이경용 제가 중요하게 여기는 성경 말씀은 히브리서 4장 12절, "하나님의 말씀은 살았고 운동력(활력)이 있어 좌우에 날 선 어떤 검보다도 예리하여 혼과 영과 및 관절과 골수를 찔러 쪼개기까지 하며 또 마음의 생각과 뜻을 감찰(판단)하나니"란 말씀입니다. 하나님은 지금도 살아계시잖아요. 그 하나님께서 성경 말씀으로 역사하시고. 성경 말씀을 묵상하다 보면, 가끔 나의 마음과 생각, 감정, 염려, 걱정, 기도를 들으시고 역사하신다는 것을 느끼고 경험할 때가 있습니다. 하나님이 살아 역사하신다면 다 된 것이지요. 단지 어떻게 지혜롭게 식별하고 순종하느냐의 문제가 있지요.

박성배	마지막으로 기도 제목을 나누어 주시기 바랍니다.
이경용	기도 제목 세 가지를 말씀드린다면, 첫째, 제가 더 예수님을 닮은 사람이 되고 싶습니다. 둘째, 교회 부흥을 기도합니다. 셋째, 제 졸저들이 한국 교회와 필요한 분들에게 도움이 되었으면 좋겠습니다.
박성배	〈박성배 목사의 책쓰기 코칭〉, 오늘은 청주영광교회 이경용목사님과 함께 한 시간이었습니다. 극동방송 애청자 여러분, 그리고 통일이 되면 만나게 될 북녘 동포 여러분, 다음 시간에 뵙겠습니다.

영성신학과 영성목회로 인생 꽃피다 ②

이경용 목사와의 인터뷰

박성배 극동방송 가족 여러분, 한 주간도 평안하셨습니까? 〈박성배 목사의 책쓰기 코칭〉, 오늘은 지난 주간에 모셨던 이경용 목사님을 모시고, 신간 《야곱의 기도》 이야기를 나누어 보겠습니다.

박성배 먼저 이경용 목사님께서 극동방송 애청자들에게 인사를 나누어 주시기 바랍니다.

이경용 네, 극동방송 애청자 여러분 반갑습니다. 이번에 신간 《야곱의 기도》를 출간한 이경용 목사입니다.

박성배 먼저 《야곱의 기도》를 어떻게 쓰게 되셨는지를 이야기해 주시기 바랍니다.

이경용 네, 제가 10년 전에 예수전도단에서 《말씀묵상기도》란 책을 썼습니다. 이 책은 창세기 28장 하늘사다리 꿈을 해설한 것입니다. 교회 전통에서 하늘사다리 꿈을 렉시오 디비나(Lectio Divina)로 봅니다. 렉시오 디비나는 사다리 모형인데, 그림으로 그리면 이렇죠.

렉시오 디비나

사다리는 사람 손이 닿지 않는 곳에 올라갈 때 사용되죠. 마찬가지로 하늘 높이 계신 하나님을 만나는 가장 좋은 방법이 렉시오 디비나란 4단계를 거쳐 올라가는 것으로 본 것입니다. 성경 읽기, 묵상, 기도, 관상입니다. 이 모델은 전통적으로 이어오던 것을 12세기에 귀고 2세가 정리한 것입니다.

그다음에 중요한 야곱의 기도가 창세기 32장 얍복강 기도죠. 28장 하늘사다리 꿈, 렉시오 디비나를 쓴 후에 창세기 32장 얍복강 기도와 어떤 연관성이 있는지 궁금해서 틈틈이 연구해서 《야곱의 기도》란 책을 출간하게 되었습니다.

창세기에 보면, 야곱이 고향을 떠나 하란으로 도망가다가 "해가 졌고"(Sunset, 창 28:11), 다시 고향으로 돌아오던 길에 맞은 얍복강의 브니엘에서 "해가 돋았다"(Sunrise, 창 32:31)고 합니다. 두 사건 사이엔 20년의 차이가 있지요. 해가 지고 다시 해가 돋았다는 것은 깊은 영적 의미가 있습니다. 20년은 야곱에게 '영혼의 깊은 밤'이었지요.

박성배 책의 내용을 보면, 창세기에 나타난 야곱의 기도는 두 가지로 나눌 수 있군요. 첫 번째는 창세기 28장의 하늘사다리 기도이며 이것을 렉시오 디비나로 이해한다. 두 번째는 창세기 32장의 얍복강 기도다. 야곱은 에서의 장자권을 빼앗은 후 외갓집으로 도피해 20년 동안 수많은 과정을 거쳐 드디어 고향으로 돌아오지요. 그러나 그를 기다리고 있는 것은 분노한 형 에서와 400명의 군사입니다. 얍복강 앞에서 절망한 야곱은 처자식과 소유들을 강 건너로 먼저 보내고 홀로 남아 기도합니다. 진퇴양난에 빠진 절박한 순간에 하나님은 야곱을 기도할 수밖에 없는 막다른 골목으로 몰고 가십니다. 하나님은 때때로 기도할 수밖에 없는 상황을 연출하시지요. 목사님은 얍복강 기도가 강청기도를 넘어서 기도의 4가지 의미가 있다고 했습니다. 기도의 4가지 의미를 설명해 주시죠.

이경용 저는 야곱의 얍복강 기도에 기도의 4가지 의미가 있다고 봅니다. 첫째는 '기도 응답'입니다. 야곱은 "내가 주께 간구하오니 내 형 에서의 손에서 건져내시옵소서"(창 32:11)라고 기도합니다. 결국 기도 응답을 받아 살아납니다. 기도에서 가장 중요한 것은 무엇을 기도하느냐(내용), 어떻게 기도하느냐(방법론)보다 왜 기도하느냐가 가장 중요합니다. 바로 기도 응답을 받기 위해 기도합니다. 사실 우리 기도가 응답받는다면 우리 인생 문제는 다 해결되는 것 아닌가요. 기도 응답 체험이 분명하면 신앙과 인생은 분명히 달라집니다.

둘째는 '자아의 자각'입니다. 야곱이 기도하는 중에 하나님은 네 이름이 무엇이냐 물으십니다. 네 형 이름이 무엇이냐? 느그 아부지 뭐하시노? 묻지 않습니다. 네 이름이 무엇이냐고 묻습니다. "야곱입니다!" 대답하는 순간 야곱은 자기의 실체를 깨닫게 됩니다. 겉으로 보기엔 성공한 거부지만 속사람 실체는 속이는 자, 사기꾼입니다. 자아의 자각이 일어나면 내가 누군지 압니다. 한국 교회에 필요한 것은 기도 응답만 집중하지 말고, 자아의 자각을 돕는 성찰 기도가 필요하다고 봅니다. 자아의 자각이 분명하면 사람 변하거든요.

셋째는 '소명과 사명 발견'입니다. 하나님은 야곱에게 이스라엘이란 새 이름을 주십니다. 야곱이란 옛사람을 벗어버리고 이스라엘이란 새 사명을 주셔서 이스라엘 12지파의 뿌리가 되게 하십니다. 기도 중에 사명을 분명히 인식한다면 정말 충성하겠지요.

넷째는 '브니엘'인데, 기도의 마지막 종착역은 하나님의 얼굴을 뵙는 것입니다. 브니엘 체험이 일어나면 신기하게도 인간의 모든 문제가 해결됩니다.

박성배 하나님의 얼굴을 뵙는 브니엘 영성이 임한 순간, 야곱과 에서의 마음 밑바닥에 쌓였던 앙금과 쓴 뿌리가 녹아 사라지지요. 이것이 바로 브니엘 영성이라 했습니다. 브니엘 영성에 대해서 좀 더 설명을 해주시기 바랍니다.

이경용 브니엘 영성은 한마디로 하나님의 얼굴을 친히 뵙는 것입니다. 몸을 가진 인간이 영이신 하나님을 뵐 수는 없지요. 그러나 성경엔 가끔 하나님께서 얼굴을 보여주시는 경우가 있습니다. 이것은 수동적인 은총의 사건이지요. 모세의 경우와 아론의 축도와 욥기에도 하나님의 얼굴이 나옵니다. 사람이 사람의 얼굴을 보면 즐거운 일보다는 기분 나쁘고 화날 일이 많지요. 그러나 인간이 하나님의 얼굴을 뵐 수만 있다면 모든 것은 해결됩니다. 녹아버립니다. 인간이 하나님을 친견하는데 어찌 문제가 남아있겠습니까?

이것은 철저히 신비의 사건이고 하나님이 친히 주시는 은총의 역사입니다. 이것을 렉시오 디비나에선 관상이라 볼 수 있고, 지성소 체험, 하나님의 임재라고 표현하기도 합니다. 성경에 보면 하나님 얼굴을 뵌 사람들은 모두 행복했고 인생 문제들이 완전하게 해결되었습니다. 아브라함, 야곱, 모세, 사도 바울 같은 분들입니다.

박성배 기도의 의미가 모호해서 제대로 배우고 싶은 분, 더 깊은 기도의 의미를 알고 싶은 분들에게 "기도의 4가지 의미는 좋은 길잡이가 되어줄 것입니다. 살아가면서 야곱처

럼 간절한 문제를 만났을 때, 야곱처럼 기도하라"는 말씀
인데, 이경용 목사님의 경우는 어떤 절박한 문제가 있었
습니까?

이경용 저의 절박한 문제를 감히 야곱과 비교할 수는 없지요. 그
러나 누구나 살면서 절박한 일들을 만나지요. 저도 20년
전 토론토 유학 마칠 때 서울 한 교회서 담임목사 후보로
불러주셨습니다. 참 감사한 일인데, 그곳 별명이 소림사
라 불릴 정도로 엄하고 이상한 교회였습니다. 2년간 엄
청난 연단과 시련과 훈련을 받았습니다. 자다가 깜짝 놀
라 깨어서 여기가 서울인지 토론토인지 혼란을 겪기도
하였습니다. 한 치 앞이 안 보이는 어려운 상황에서 기
도하던 어느 날, 시편 23편 1절 말씀으로 위로하시고 응
답을 주셨습니다. "여호와는 나의 목자시니 내게 부족함
이 없으리로다." 그 말씀이 하나님 말씀으로 나에게 들려
지고 믿어지는 순간, 모든 근심 걱정이 사라지고 주님 주
시는 평안이 임했습니다. 그 후 몇 달 있다가 소망교회로
가게 되고 숨을 좀 쉬었지요.

박성배 책의 뒷면에 보면, "야곱을 꽁꽁 묶던 문제가 완벽하게
해결된 얍복강 기도" 이제 당신의 문제도 해결된다는 문
구가 있는데, 제 자신도 야곱처럼 기도해야 할 절박한 문
제가 있습니다. 어떤 단계로 응답을 받아야 하는지요?

이경용 기도 응답은 다양하게 옵니다. 음성이나 사건이나 성경
말씀을 통하여 혹은 사람을 통하여 응답하시지요. 먼저

기도 응답을 갈망하는 것이 중요하다고 봅니다. 정말 하나님을 하나님으로 믿고 기도하면 반드시 응답하시지요. 제가 책에서 언급했듯이 소원 성취와 기도 응답은 비슷하면서도 다릅니다.

저는 히브리서 11장 6절을 참 좋아합니다. "믿음이 없이는 하나님을 기쁘시게 하지 못하나니 하나님께 나아가는 자는 반드시 그가 계신 것과 또한 그가 자기를 찾는 자들에게 상 주시는 이심을 믿어야 할지니라" 하나님은 지금도 살아계시고 찾는 자들에게 상 주십니다. 저는 기도 응답의 3단계를 심증, 확증, 물증으로 설명했는데, 기도하다 보면 하나님 주시는 신호가 분명히 있다고 봅니다.

박성배 창세기 28장에서의 야곱의 기도와 32장에서의 야곱의 기도의 차이는 무엇인지요?

이경용 창세기 28장의 하늘사다리 꿈, 렉시오 디비나는 하늘을 향해 올라가는 상승기도로 볼 수 있습니다. 반면 32장의 얍복강 기도는 야곱의 내면을 향한 기도로 봅니다. 그래서 자아의 자각이 일어나고 사명을 알게 되고, 마침내 브니엘 하나님 얼굴을 뵙지요. 상승하는 기도의 모델이 요한 클리마쿠스의 《거룩한 등정의 사다리》라면 내면으로 향하는 기도의 모델은 아빌라 테레사의 《영혼의 성》으로 볼 수 있습니다. 위로 올라가고, 밖으로 뻗어 나가고, 안으로 들어가는 기도의 균형이 필요하다고 봅니다.

박성배	이전에 쓰신《감정치유기도》(두란노)와 이번에 쓰신《야곱의 기도》(두란노)와의 차이는 무엇입니까?
이경용	《감정치유기도》는 감정의 문제에 집중했다면,《야곱의 기도》는 기도의 4가지 의미로 전반적인 것을 살펴보았습니다. 굳이 설명한다면《야곱의 기도》에서 기도의 2번째 의미인 자아의 자각 부분에서 감정의 문제가 언급되지요. 저는 사람의 자기 이해에서 가장 중요한 부분이 감정이라고 봅니다. '내가 감정을 가진 존재다. 다른 사람도 각자 자기의 감정이 있구나. 내 감정이 지금 이렇게 움직이고 있구나.' 그것만 대략 알아도 엄청난 절제와 방어와 평정을 유지할 수 있거든요. 저는 감정성찰기도가 매우 중요하다고 봅니다.

다산 정약용도 비슷한 개념으로 평생 신독(愼獨) 훈련을 했지요. 감정이 발하기 전의 미발(未發)과 감정이 발한 후의 기발(旣發) 상태에서 어떻게 감정을 알고 통제하고 다스리느냐가 참 중요한 일입니다. 감정만 평안해도 사람이 살 만합니다. 그러나 감정이 상하고 들끓으면 인생 참 힘들죠. 감정은 하나님이 주신 선물이기에 잘 사용하는 법을 배워야 합니다. 사실 행불행의 거의 모든 문제가 감정 문제에 달렸지요.

박성배	7장에 '하나님의 얼굴을 뵈었는가?'의 내용을 설명해 주세요.
이경용	하나님의 얼굴은 브니엘인데 이것은 사람이 찾는다고 되

는 것은 아니고, 전적으로 하나님의 은총입니다. 시편 42편 1-2절도 이것을 말씀합니다. "하나님이여 사슴이 시냇물을 찾기에 갈급함 같이 내 영혼이 주를 찾기에 갈급하니이다 내 영혼이 하나님 곧 살아계시는 하나님을 갈망하나니 내가 어느 때에 나아가서 하나님의 얼굴을 뵈올까" 목마른 사슴이 목마른 이유는 물이 없어서가 아니라, 하나님 얼굴을 뵙지 못한 것 때문이지요. 목마른 사슴처럼 하나님 얼굴을 찾고 구하면 언젠가 브니엘 은혜를 주시겠지요. 그러면 인생의 문제가 근본적으로 해결되는 놀라운 역사가 일어나지요. 야곱이 브니엘 체험을 하자 20년간 해결되지 않던 에서와의 갈등이 깔끔하게 해결되지 않습니까?

박성배   이경용 목사님의 영성목회 이야기를 듣다 보니 벌써 마칠 시간이 되었습니다. 마지막으로 영성에 관해서 꼭 하시고 싶은 이야기를 해주시기 바랍니다.

이경용   네, '영성' 하면 뭔가 신비롭고 추상적인 것으로 생각하는 분들도 계실 텐데요. 영성은 신비로운 부분과 지극히 현실적인 부분이 묘하게 겹쳐있습니다. 영성과 기도는 뗄 수 없는 불가분의 관계지요. 기도는 아주 영적인 신비로운 부분이 있고, 동시에 우리가 몸과 시간을 내야 하는 지극히 물리적이고 현실적인 문제입니다. 그런 의미에서 영성적 삶을 산다는 것은 성경 말씀을 하나님 말씀으로 믿고 읽고 묵상하고 기도하며 그때그때 주시는 깨달음과 지혜로 겸손히 살아가는 것이 라 봅니다. 매일의 일상에서 하나님의 말씀과 은혜를 알고 누리고 순종하는 삶이 영성적 삶이죠.

박성배 마지막으로 기도 제목을 나누어 주시기 바랍니다.

이경용 첫째, 제가 더 예수님을 닮은 사람이 되고 싶습니다. 둘째, 교회 부흥을 기도합니다. 셋째, 제 졸저《야곱의 기도》가 기도에 관심이 있는 분들과 한국 교회에 조금이라도 도움이 되었으면 좋겠습니다. 이 방송을 듣는 분들 가운데 기도 응답의 체험이 많아지면 좋겠습니다.

이경용 목사가 현재 시무하고 있는 청주영광교회

영성나무(대표 이경용) 세미나 후 참석자들과 함께 장신대 모교에서

이경용 목사

장로회신학대학교 신학대학원(M.Div), 연세대학교 연합신학대학원(Th.M), 캐나다 토론토대학교 Regis college(영성신학, S.T.M), 풀러신학교(목회학, 영성신학, D.Min)에서 수학했다. 신당중앙교회, 수유동교회, 토론토밀알한인교회, 문화교회, 소망교회 부목사와 광교소망교회 담임목사를 역임하였고, 현재 청주영광교회 담임목사로 섬기고 있다.

영성신학자인 이경용 목사는 영성신학과 영성목회를 추구하는 모임 '영성나무'의 회장이며, 장로회신학대학교 겸임교수로 활동하였다. 영남신학대학교, 햇불트리니티 신학대학원, 총회 기도학교, 청주성서신학원에서 영성신학과 기도에 대해 강의했다.

저서로 《칼빈과 이냐시오의 영성》(대한기독교서회), 《말씀묵상기도》(예수전도단), 《감정치유기도》(두란노), 《고난에 대한 다산 정약용과 욥의 대화》(영성나무), 《야곱의 기도》(두란노)와 공저로 《깨끗한 영성으로 기도하고 실천하기》(예수말씀연구소), 《기독교와 영성》(두란노 아카데미), 《목회 매뉴얼-영성목회》(한국장로교출판사), 《영혼의 친구》(KIATS) 등이 있다.

문의

- Mobile / 010-6681-1004
- E-Mail / lkyong8559@gmail.com

부부의 행복 사역으로
인생 꽃피다

영혼의 의사인 목사로 꽃피다 ①

정선문 목사와의 인터뷰

박성배 극동방송 가족 여러분, 한 주간도 평안하셨습니까? 〈박성배 목사의 책쓰기 코칭〉, 오늘은 춘천 제자들교회 정선문 목사님을 모시고 지금까지 살아온 인생 이야기, 목회자로의 부르심, 제자들교회 목회와 비전 등에 대한 이야기를 나누어 보겠습니다.

박성배 먼저 정선문 목사님께서 극동방송 애청자들에게 인사를 나누어 주시기 바랍니다.

정선문 극동방송 애청자 여러분 반갑습니다. 강원도 춘천에서 제자들교회를 목회하는 정선문 목사입니다.

박성배 정선문 목사님은 30여 년간 춘천에 사시면서 제자들교회를 목회해 오고 계신 거로 알고 있습니다. 먼저 정선문 목사님이 어떻게 목회자로 부르심을 받게 되었는지를 이야기해 주십시오.

정선문 목회자로 부름 받은 후 21년 전에 춘천 제자들교회를 개척했습니다.

박성배	정선문 목사님께서 현재 목회하고 계신 교회 이름이 '제자들교회'인데, 어떻게 교회 이름을 그렇게 짓게 되셨는지를 설명해 주시면 좋겠습니다.
정선문	예수님의 참 제자가 되자는 마음으로 제자들교회로 정했습니다.
박성배	정선문 목사님께서는 자연치료 전문의사이신 김태균 원장님과 함께 자신의 집에서 교회를 개척하신 거로 알고 있습니다. 처음에 제자들교회를 개척했을 때 이야기를 해주시지요.
정선문	가정에서 저와 김태균 사모, 아들, 딸, 성도 한 분과의 예배로 제자들교회가 시작되었습니다.
박성배	지난번에 제자들교회 11시 예배에 초대해 주셔서 낮 예배 설교를 했는데, 단독 예배당 건물도 있고, 교인들도 가득 차서 아주 분위기가 은혜롭고 좋았습니다. 그동안 교회가 어떻게 성장해 왔는지요?
정선문	하나님의 은혜로 교회가 성장하고, 성전 건물을 마련했습니다.
박성배	특별히 정선문 목사님은 영혼을 치유하는 목회자이고, 아내 되시는 김태균 원장님은 육신을 치료하는 자연치료 전문의사이신데, 아내분은 어떻게 만나게 되셨는지요?
정선문	하나님의 예비하심 가운데 집회에서 아내를 만났습니다.

박성배	정선문 목사님은 아내를 믿음의 사람으로 제자훈련해서 함께 동역하고 계시는데, 제자들교회에서 아내의 역할은 무엇인가요?
정선문	주중에는 누가의원에서 치료하는 일을 하고, 주일에는 성도들을 돌보는 일을 합니다.

박성배	아내 되시는 김태균 원장님께서 2014년 3월 29일 출간하신《굿닥터》에 쓰신 추천사 내용에 보면, "아내에게 의사는 이 땅에서 손쉽게 살아가는 면허증이 아니었다. 의사의 사명 앞에 최선을 다해온 걸음걸음에 박수를 보낸다"고 하셨는데, 아내 김태균 원장의 책 출간 이후에 어떤 좋은 일들이 있으셨나요?
정선문	누가의원이 지역에 신뢰를 받고 있습니다.

박성배	김태균 사모님께서 제자들교회를 사랑하는 마음으로 큰 헌신을 하셨네요. 의사로서, 사모로서 최선을 다해 살아온 아내 김태균 원장께 고맙다는 이야기를 한마디 해주시지요.
정선문	아내에게 늘 고맙고 감사한 마음입니다.

박성배	정선문 목사님의 목회 이야기를 듣다 보니 벌써 마칠 시간이 되었습니다. 제자들교회에서 어떤 목회를 해오셨고, 앞으로 어떤 비전과 계획이 있으신지는 다음 주에 한번 더 모시고 말씀을 나누도록 하겠습니다.

박성배	정선문 목사님이 목회하시면서 제일 중요하게 여기는 성경 말씀을 읽어주세요.
정선문	우리는 새로운 피조물이라는 고린도후서 5장 17절입니다.
박성배	마지막으로 기도 제목을 나누어 주시기 바랍니다.
정선문	제자들교회가 성숙해 가고, 누가의원이 지역에 신뢰를 주는 자연치료의 전문병원이 되는 것입니다. 그리고 극동방송과의 동역입니다.

영혼의 의사인 목사로 꽃피다 ②

정선문 목사와의 인터뷰

박성배   극동방송 가족 여러분, 한 주간도 평안하셨습니까? 〈박성배 목사의 책쓰기 코칭〉, 오늘은 지난주에 모셨던 춘천 제자들교회 정선문 목사님을 한 번 더 모시고 목회와 비전에 대해 이야기를 나누어 보겠습니다.

박성배   먼저 정선문 목사님께서 극동방송 애청자들에게 인사를 나누어 주시기 바랍니다.

정선문   극동방송 애청자 여러분, 지난주에 뵌 춘천 제자들교회 정선문 목사입니다. 반갑습니다.

박성배   오늘은 제자들교회 목회 이야기를 중점적으로 나누어 보겠습니다. 지난번에 《굿닥터》 출판기념회 때 춘천 제자들교회 주보를 보니까 창립일이 2003년 7월 15일이고, 현재 21년이 되었네요. 제자들교회가 성장해 오기까지 정선문 목사님께서 제일 중요하게 지켜온 목회철학은 무엇인지요?

정선문   예수님의 새로운 피조물이 되어 선교하는 공동체가 되는 것입니다.

박성배 춘천 제자들교회의 찬양팀이 아주 은혜롭던데, 찬양팀은 어떻게 운영되고 있는지요?

정선문 자율적으로 감사며 섬기고 있는 찬양팀입니다.

박성배 주보에 보니까 '주중 신앙 훈련 안내'가 있는데, 설명을 좀 해주세요.

정선문 토요일에 1:1 양육의 시간을 갖고 있습니다.

박성배 주보 뒷면에 보면, '우리 교회가 기도하며 섬기는 선교사님'이 있습니다. 네팔, 파키스탄, 캄보디아, 일본, 중국, 우즈베키스탄, 독일, 라이베리아, 춘천성시화 운동 등이 있는데, 선교 이야기를 설명해 주세요.

정선문 하나님이 은혜를 주시는 대로 섬기고 있습니다.

박성배 저도 초대해 주셔서 춘천 지역의 귀한 목사님들이 연합해서 책을 출간했으면 좋겠다는 마음으로, 목사님들 모임에 갔었는데요(춘천 목회 꽃피다). 정선문 목사님과 함께 해온 목사님들 모임에 대해서 이야기를 나누어 주시기 바랍니다.

정선문 극동방송과도 동역을 했으면 좋겠습니다.

박성배 정선문 목사님이 21년간 목회해 오면서 제일 힘들었을 때는 언제였습니까?

정선문 하나님의 은혜 가운데 성장하여 왔습니다.

박성배	목회에 제일 보람된 일은 무엇인지요?
정선문	성도들이 성장하는 것입니다.

박성배	앞으로의 목회 비전과 꿈은 무엇입니까?
정선문	극동방송과 함께 방송도 진행하며, 동역했으면 좋겠습니다.

박성배	춘천 제자들교회 성도들에게 하고 싶은 말씀은?
정선문	예수님의 새로운 피조물로 성숙해 가기를 바랍니다.

박성배	마지막으로 기도 제목을 나누어 주시기 바랍니다.
정선문	춘천 지역에 극동방송 송신탑이 세워지는 만큼, 함께 협력과 동역했으면 좋겠습니다.

박성배 〈박성배 목사의 책쓰기 코칭〉, 오늘은 춘천 제자들교회 정선문 목사님과의 시간이었습니다. 더 나누고 싶으신 이야기는 출간 준비 중인 《인생, 꽃피다》에서 보시면 좋겠습니다. 그동안 〈박성배 목사의 책쓰기 코칭〉에 모셨던 분들의 소중한 이야기를 담아 출간할 예정입니다. 극동 방송 애청자 여러분, 그리고 통일이 되면 만나게 될 북녘 동포 여러분, 다음 시간에 뵙겠습니다.

예수 그리스도의 좋은 제자를 양성하는
춘천 제자들교회

예수 그리스도의 참 제자를 양성하는 춘천 제자들교회는 21년 전 정
선문 목사와 김태균 사모에 의해서 개척되었다. 예수님을 닮아가는
제자를 양성하는 믿음의 요람이다.

정선문 목사

21년 전에 춘천 제자들교회를 개척하여 섬기고 있다. 30여 년간 춘천에 살면서 제자들교회를 성경에 기초한 올바른 교회로 성장시키고자 노력해 왔다. 아내 김태균 사모를 예수 그리스도의 제자로 양육하여, 이 시대의 최고 자연치료 전문의로 춘천 누가의원을 통해 많은 사람들을 치료할 수 있도록 기도하고 있다.

특히 춘천 지역의 목회자들과 연합하여 춘천을 믿음의 도시로 만들어 가고자 하는 꿈을 가지고, 매주 모여서 기도하고 있다. 그 신실한 노력의 결실로 제자들교회는 예수 그리스도의 바른 제자를 양성하는 교회로 성장하고 있으며, 춘천 지역에서 날마다 믿음과 꿈을 이루어 가고 있다. 정선문 목사는 영혼을 치료하는 의사인 목회자로, 사모인 김태균 원장은 자연치료로 육신을 치료하는 의사로서 부부가 한마음 한뜻으로 하나님의 나라 확장을 위해 헌신하고 있다.

문의
- Mobile / 010-3414-0464
- E-mail / sunmun77@hanmail.net

육신을 치료하는 의사로 꽃피다 ①

김태균 원장과의 인터뷰

박성배   극동방송 가족 여러분, 편안한 주일 보내고 계십니까? 〈박성배 목사의 책쓰기 코칭〉, 오늘은 베스트셀러 《굿닥터》의 저자이자, 춘천 누가의원 원장이신 김태균 원장님을 모시고, 자연치료 전문가로 세워지기까지의 이야기를 나누어 보겠습니다.

박성배   먼저 김태균 원장님께서 극동방송 애청자들에게 인사를 나누어 주시기 바랍니다.

김태균   극동방송 애청자 여러분 반갑습니다. 강원도 춘천에서 자연치료 전문병원인 누가의원을 운영하는 의사 김태균입니다.

박성배   김태균 원장님은 현재 춘천에서 자연치료 전문병원인 누가의원을 운영하고 계시는 의사 선생님이신데, 자연치료의 방법을 연구하여 인정을 받기까지 10여 년간 고생을 많이 하신 것으로 알고 있습니다. 그 이야기를 먼저 해주시기 바랍니다.

김태균   10여 년의 준비 시간이 있었습니다. (《굿닥터》 1장 참조)

| 박성배 | 10여 년간 자연치료를 연구하는 과정 동안 남편 되시는 정선문 목사님께서 큰 힘이 되어주셨다고 출간하신 책에 쓰셨는데, 그 이야기도 해주시기 바랍니다. |
| 정태균 | 남편 정선문 목사의 기도와 사랑 덕분에 누가의원이 잘 성장하고 있습니다. |

| 박성배 | 《굿닥터》서문에 보면, 자연치료 연구로 힘들 때 책으로 써서 세상에 알리고자 결심을 하고 책을 쓰기 시작하셨다고 했는데, 책을 쓰고 나니까 어떤 점이 좋았습니까? |
| 김태균 | 3,000부를 찍어서 춘천 지역을 중심으로 소통을 했습니다. 일일이 설명을 하지 않아도 책이 일하게 되어서 감사합니다. |

| 박성배 | 저는 《굿닥터》의 책 내용이 참 좋다고 생각합니다. 1장부터 4장까지 어떤 내용으로 구성된 책인지 설명해 주시기 바랍니다. |
| 김태균 | 1장 의사의 꿈이 현실로 이루어지다, 2장 건강과 관련된 오해와 진실, 3장 놀라운 변화의 주인공들이 자연치료의 효능을 중거한다. 4장 굿닥터 김태균 원장의 5가지 자연치료 비결입니다. |

| 박성배 | 《굿닥터》 4장에 있는 '굿닥터 김태균 원장의 5가지 자연치료 비결'에 대해 자세히 설명해 주시기 바랍니다. |
| 김태균 | 1. 수액 치료, 2. 해독 치료, 3. 온열 치료, 4. 혈관 혈액 치 |

료, 5. 바른 자세 치료입니다.

박성배 김태균 원장님께서《굿닥터》를 쓰면서, 또 자연치료를 연구하여 전문가가 되기까지 제일 중요하게 여겼던 성경 말씀은 어떤 것들이 있었습니까?

김태균 에베소서 4장 16절과 잠언 4장 23절입니다.

박성배 자연치료 전문 의사로서 어떤 소망을 갖고 계신지요?

김태균 난치병 환자들에게 건강의 새 아침을 선물하고자 합니다.

박성배 김태균 원장님은 의사이면서 춘천 제자들교회를 목회를 하시는 남편 정선문 목사님의 아내로서 사모의 역할도 해오셨는데, 어떻게 두 가지 일을 조화롭게 하셨는지요?

김태균 의사의 일과 목회자 아내의 일이 하나입니다. 다 주님의 일입니다.

박성배 김태균 원장님의 자연치료 전문가로서 세워져 온 이야기를 듣다 보니 벌써 마칠 시간이 되었습니다. 다음 시간에 한 번 더 모시고《굿닥터》에 있는 10문 10답을 중심으로 이야기를 나누어 보겠습니다.

박성배 마지막으로 기도 제목을 나누어 주시기 바랍니다.

김태균 누가의원에서 치료하는 일과 제자들교회에서의 사모의 일을 균형 있게 감당할 수 있기를 기도합니다.

육신을 치료하는 의사로 꽃피다 ②

김태균 원장과의 인터뷰

박성배 극동방송 가족 여러분, 편안한 주일 보내고 계십니까? 〈박성배 목사의 책쓰기 코칭〉, 오늘은 베스트셀러《굿닥터》의 저자이자, 춘천 누가의원 원장이신 김태균 원장님을 모시고, 10문 10답의 이야기를 나누어 보겠습니다.

박성배 먼저 김태균 원장님께서 극동방송 애청자들에게 인사를 나누어 주시기 바랍니다.

김태균 극동방송 애청자 여러분 반갑습니다. 강원도 춘천에서 자연치료 전문병원인 누가의원을 운영하는 의사 김태균입니다.

박성배 김태균 원장님은 현재 춘천에서 자연치료 전문병원인 누가의원을 운영하고 계시는 의사 선생님이신데, 자연치료의 방법을 연구하여 인정을 받기까지 10여 년간 고생을 많이 하신 것으로 알고 있습니다. 10문 10답의 첫 번째 질문을 드리겠습니다. 이 책을 어떻게 쓰게 되었습니까?

김태균 '자연치료'라는 길을 포기하지 않고 계속 가기 위해 쓰기 시작했던 것 같습니다. 정서적, 육체적, 경제적으로 너무 지쳐올 때 '책을 써서 이런 길도 있다는 것을 알리면 좀 더 이 길을 가는 것이 쉽지 않을까?' 하는 생각이 들었습니다. 솔직히 의사라는 직업을 가지고 동료 의사들조차 이상한 눈으로 보는 방법을 고집하며 가는 게 많이 외롭기도 했고, 짧은 말로 설명하기도 어렵고, 물어보지도 않는데 굳이 내 얘기를 꺼내서 할 수도 없잖아요. 그래서 내 얘기부터 글로 쓰기 시작한 게 감사하게도 책이 되었네요.

박성배 의료 분쟁으로 좋은 의사를 찾는 때에 책을 쓰면서 느낀 감회를 이야기해 주시기 바랍니다.

김태균 계획한 것도, 예상한 것도 아닌데 하필 이런 상황에서 책을 출간하게 되니 솔직히 마음이 너무 조심스럽습니다. 거기다 제목이 《굿닥터》니 마음 한편이 불편합니다. 환자들을 위해 정말 필요한 굿닥터가 되고 싶다는 소망의 표현이지, 저 자신이 굿닥터라는 얘기는 아닙니다. 제가 알기에 대부분의 의사들은 순수하게 자신의 직업에 정직하고 최선을 다하는 사람들입니다. "환자들을 볼모로 자신의 밥그릇을 챙기는 집단"이라는 표현을 들을 때는 정말 마음이 아프고 안타깝습니다. 적어도 제가 아는 의사들은 환자들을 위해 성실하게 일하는 사람들입니다.

국민들에게 필요한 좋은 의사를 배출해 낼 수 있는 인프라 구축과 함께 필요한 곳에 필요한 의료 인력이 갈 수 있도록 구조적 문제를 해결하면서 순차적으로 의사 수를 증원해야 한다고 생각합니다. 국민과 의사, 환자와 의사는 함께 돕고 격려해야 할 한 팀이지 절대 적대적 관계가 아닌데, 마치 적인 것처럼 몰아가는 사회적 분위기가 안타깝습니다.

박성배　의사로서 자연치료 전문가가 되기까지 힘든 과정을 걸어온 것으로 알고 있습니다. 자연치료를 통해서 난치병 환자를 치료하는 의사로서 최고의 보람은 무엇입니까?

김태균　자신의 힘으로 벗어날 수 없는 질병을 치료하기 위해 유명하다는 데를 다 찾아다니고 좋다는 것은 다 먹어보고 발라봐도 해결이 되지 않아 인생을 다 포기한 채 고통 가운데 살던 환자가 좋아져서 새로운 인생을 살게 될 때 정말 기쁘고 감사하죠. 의사라고 하는 직업이 배운 대로 하는 것이 일종의 양심 같은 거거든요. 그래서 그 이외의 것을 추구하는 것이 어려워요. 그러다 보니 난치 환자들에게 본의 아니게 상처를 줄 수도 있다고 생각합니다. 병을 고쳐주지 않으려는 것이 아니라 의학적으로는 그런 약을 쓸 수밖에 없고 그 이상의 방법은 없기 때문이지요. 현대의학적인 치료 방법을 넘어서 불치·난치 환자들을 위한 좀 더 다양하고 폭넓은 치료의 길을 찾는 것이 저의 사명인 것 같습니다. 아무튼 저는 현대의학적 치료 방법으로 해결되지 않는 그 한 사람을 위해 필요한 치료 방법을 찾고 그것으로 환자에게 새로운 삶을 살도록 도울 수 있다는 것이 보람 있고 기쁩니다.

박성배	남편이 목사님이시고 목회를 하고 계신 것으로 알고 있는데, 목회자 사모와 의사의 일을 함께 해나가면서 힘들지는 않으신가요?
김태균	많은 분들이 궁금해하시는 것 중 하나입니다. 2003년 1월에 저희 집 아파트에서 교회가 시작되었어요. 수개월 후에 아파트 상가로 장소를 옮겼고, 개척 2년이 되어서는 다세대 주택을 구입해서 몇 가정이 함께 공동체생활을 하기도 했습니다. 3층에 저희 가정이 살았는데, 우리 네 식구 포함해서 10명이 함께 살기도 했어요. 병원에 가서 근무 끝나고 오면 서둘러서 저녁 해서 먹고 힘든 성도와 상담도 하고 바쁘게 살았죠. 그런 과정 중에 몸이 힘들 때도 있었죠. 그러나 몸과 마음이 아픈 사람들이 회복되고, 부부관계가 회복되고 그 속에서 자녀들이 회복되는 모습이 기쁘고 보람이 있었습니다. 그 기쁨과 보람은 경험해 본 사람만 알 겁니다. 저는 제가 목회자 사모인 것이 좋아요. 어차피 한 번 살다 가는 인생, 진정한 가치에 그 시간과 열정을 쏟을 수 있다는 것이 감사하죠. 의사라는 직업도 결국은 사람의 몸과 영혼을 치료하기 위한 것인데, 목회자 사모라서 그 일을 좀 더 효율적으로 할 수 있다고 생각합니다.
박성배	자녀들에게 의사로서, 엄마로서 하고 싶은 말은 무엇입니까?
김태균	저는 의과대학을 다니면서 두 남매를 낳았고 제 인생의

짐이 버거워 엄마로서의 역할을 거의 못하고 살았습니다. 때때로 주변에서 애들 키우면서 어떻게 그 어려운 공부를 감당했느냐며 저에게 참 대단하다고 해요. 그럴 때마다 저는 "사람이 다 잘할 수 없죠. 두 가지 일 모두 부족하고 부실하게 한 거죠"라고 대답하곤 합니다.

아이들에게 엄마의 사랑과 돌봄을 제때에 제대로 주지 못했다는 것 때문에 늘 미안하고 무거운 마음이 있었습니다. 그런데 이제는 그런 마음도 버리려고 해요. 그 결핍이 오히려 아이들에게 좋은 약이 되어 다른 사람들의 어려움을 돌아보고 도울 수 있는 사람이 될 것이라 믿어요. 이 책을 통해 아이들에게 그동안 말로 다하지 못한 엄마의 마음과 엄마가 추구한 삶이 무엇이었는지 전달되었으면 좋겠습니다. 자신들이 겪었던 결핍이 헛되지 않고 의사 엄마를 통해 수많은 환자들이 위로와 희망을 갖게 되었다는 사실에 보람과 감사를 느끼게 되기를 바랍니다.

박성배 좋은 의사가 되고자 노력해 온 의사이면서 신앙인이신데, 혹시 자연치료 의원을 개원하는데 동기가 되었던 성경 말씀이 있을까요?

김태균 결정적인 말씀은 에베소서 4장 16절 말씀입니다. "그(예수그리스도)에게서 온몸이 각 마디를 통하여 도움을 받음으로 연결되고 결합되어 각 지체의 분량대로 역사하여 그 몸을 자라게 하며 사랑 안에서 스스로 세우느니라"

여기서 "스스로 세운다"는 말씀이 저에게는 '그래, 몸은

스스로 자라고 세워지는 거야!'라고 해석이 되면서 제 마음에 박혔습니다. 머리부터 발끝까지 온몸이 하나도 끊어진 곳이 없고 연결되고 결합되어 각각 그 장기나 조직의 분량만큼 일해서 몸이 자라게 한다는 말씀으로 들렸죠. 교회에 대한 이 말씀이 저에게는 몸의 건강원리로 받아들여졌습니다. 그래서 결국 자연치료 의원을 개원하게 된 거죠

제가 환자들을 볼 때 중요하게 여기는 말씀이 있습니다. 잠언 4장 23절 "모든 지킬 만한 것 중에 더욱 네 마음을 지키라 생명의 근원이 이에서 남이니라"는 말씀과 잠언 18장 14절 "사람의 심령이 그의 병을 능히 이기려니와 심령이 상하면 그것을 누가 일으키겠느냐"는 말씀입니다. 병에 걸려서 저를 찾아왔다는 것은 마음을 지키지 못할 만큼 힘든 일이 있었다는 것이기에 저는 의사로서 무엇보다도 그 환자의 마음을 일으키고 회복되게 하려고 노력합니다. 그러다 보니 환자들과 얘기를 나누는 시간이 길어지고 때로는 함께 눈물을 흘리기도 하죠. 그런데 그 시간을 통해 이미 치료가 되고 있는 거죠.

박성배
김태균

이 책을 출간하면서 갖고 있는 바람과 꿈은 무엇인가요?
저는 이 책을 통해 좀 더 많은 사람들이 치료에 대한 관점을 바꾸게 되면 좋겠습니다. '얼른 약 먹고 고쳐야지'라는 생각보다는 병이 생기기 전에 몸이 건강할 수 있도록 생활습관을 바꾸고 자신의 몸이 일을 잘 할 수 있도록 해

야겠다는 생각을 하면 좋겠습니다. 정말 자신의 몸이 얼마나 놀라운 치유 능력을 가졌는지 알게 되었으면 좋겠어요. 자신이 조금만 도와주면 몸의 70조 개나 되는 세포들이 각자 열심히 자신의 건강을 위해 일해준다는 것, 그 사실을 경험으로 알게 되었으면 좋겠어요.

또 한 가지 바람이 있다면 다른 의사 선생님들이 이런 자연치료 방법에 대해 함께 공감하고 환자치료에 적용해서 더 많은 임상 사례들을 내고 보편적인 치료 방법으로 자리 잡게 되기를 바랍니다.

박성배 의사가 해야 할 가장 중요한 일은 무엇이라고 생각하시나요?

김태균 물론 환자를 치료할 수 있는 실력을 갖춰야겠죠. 그런데 정말 중요한 것은 환자의 말을 잘 경청하고 공감할 수 있어야 한다고 생각합니다. 많은 경우 저는 환자와의 대화 가운데 답을 찾습니다. 몸에 병이 왔다는 것은 대부분 마음에서부터 시작된 것이거든요. 환자가 하고 싶은 말을 하고 의사와의 공감 속에서 대화를 나누다 보면 마음이 치료되고 적극적으로 몸을 관리하고 싶어지고 잃어버렸던 꿈이 회복되기도 합니다. 그런 가운데 몸속 세포들이 춤을 추며 회복되는 거죠.

우리나라의 의료 환경이 시간에 쫓기지 않고 환자와 마음 편하게 대화를 나눌 수 있는 상황이 되지 못하는 것이 아쉽습니다.

박성배   치료한 환자 중에 가장 기억에 남는 분들은 어떤 분들이신가요?

김태균   극심한 아토피피부염으로 절망 속에서 집안에서만 지내다 자살까지 시도했던 환자가 회복되어 지금은 어엿한 사회인으로 생활을 잘하고 있는 청년이 가장 기억에 남고, 저의 의사생활의 보람이기도 합니다. 돌아보면 정말 위기였고 제 속이 타들어 가는 시간들이었어요. 그런데 그 시간들이 오히려 사람의 마음을 깊이 이해하고 마음이 어떻게 몸을 지배하게 되는지 놀라운 메커니즘을 깨닫는 시간이 되었죠.

박성배   춘천 누가의원은 앞으로 어떤 병원이 되기를 소망하십니까?

김태균   누가의원에 앞에 붙는 말이 있습니다. '우리 가족 평생 주치의 누가의원'입니다. 이 말대로 온 가족 평생 주치의가 되어 함께 할 수 있는 병원이 되기를 소망합니다.

누가의원을 개원하면서 마음가짐을 세 가지로 요약해서 벽에 걸어놓았습니다.

첫째, 돈보다는 건강을 생각하는 의원, 둘째, 증상을 따라가지 않고 원인을 치료하는 의원, 셋째, 몸만 고치는 것이 아니라 마음을 치유하는 의원, 저는 이 마음가짐을 잃지 않고 실현해 가기를 소망합니다.

대한민국 최고의 자연치료 전문
춘천 누가의원

"우리 가족 평생주치의 누가의원"입니다. 이 말대로 온 가족 평생 주치의가 되어 함께할 수 있는 병원이 되기를 소망합니다. 누가의원을 개원하며 마음가짐을 세 가지로 요약해서 벽에 걸어놓았습니다.

1. 돈보다는 건강을 생각하는 의원
2. 증상을 따라가지 않고 원인을 치료하는 의원
3. 몸만 고치는 것이 아니라 마음을 치유하는 의원

이 마음가짐을 잃지 않고 실현해 가기를 소망합니다.

김태균 원장

증상보다는 질병의 원인을 고민하며 "나마저 포기하면 난치병 환자들은 어디로 가야 합니까?"라며 버티고 견뎌낸 몸부림의 시간들이 "치료의 열매"를 맺기 시작했다. 이제 누가의원은 치료받은 환자가 친정엄마, 남편, 시댁 식구, 지인들에게 "누가의원 가봐!"라며 입소문을 내고 있다. 나의 꿈은 의학의 한계 앞에 낙심한 사람들, 난치병으로 주저앉은 환우들과 함께 희망의 아침을 만들어 가는 것이다. 나는 오늘도 이 벅찬 소망을 품고 하루를 시작한다.

- 한림대학교 의과대학 졸업
- 가정의학과 전문의
- 전) 새윤요양병원 가정의학과 과장
- 전) 호반요양병원 병원장
- 한림대학교 의과대학 가정의학과 외래교수
- 대한 가정의학회 정회원
- 대한치매학회 치매진료의사 전문화과정 이수
- 호스피스 완화의료 표준 교육 이수(보건복지부, 국립암센터)
- 전 김태균자연의원(라파스가정의학과) 원장
- 현) 춘천 누가의원 원장

문의

- Mobile / 010-2781-6703
- E-Mail / doctorkimsformula@gmail.com

전문 사역으로
인생 꽃피다

양복장인과 크리스토퍼 강사로 꽃피다 ①

손외식 강사와의 인터뷰

박성배 사도 바울은 에베소서 2장 10절에서 "우리 모두는 예수 그리스도의 작품"이라고 말씀합니다. 한 분야에 전문성을 가지고 주님의 영광을 위해서 살아간다면, 그것은 아마도 최고로 행복한 인생일 것입니다.

박성배 극동방송 가족 여러분, 한 주간도 평안하셨습니까? 〈박성배 목사의 책쓰기 코칭〉, 오늘은 2023년에 자서전 《아직 끝나지 않은 열정》을 출간하셨고, 26년간 크리스토퍼 리더십 강사로 일하시면서 《크리스토러 리더십》 책을 쓰고 계신 손외식 양복장인 강사님을 모시고 이야기를 나누어 보겠습니다.

박성배 먼저 손외식 강사님께서 극동방송 가족들에게 인사를 나누어 주시기 바랍니다.

손외식 극동방송 가족 여러분 반갑습니다. 59년간 양복을 만들면서 26년간 크리스토퍼 리더십 강사를 하고 있는 손외식입니다.

박성배	손외식 양복장인께서 쓰신 자서전《아직 끝나지 않은 열정》을 보니까 제목처럼 끝나지 않은 열정으로 인생을 살아오신 것 같은데, 책에는 주로 어떤 이야기를 쓰셨는지요?
손외식	제 자서전에는 양복을 만들면서 최고의 인물들에게 품격의 옷을 입혀온 이야기와 IMF 위기 때 크리스토퍼 리더십을 시작하게 된 이야기 등을 썼습니다.

박성배	《아직 끝나지 않은 열정》을 보니 "내가 만드는 양복은 예술작품이다"라고 하셨는데, 그 작품을 어떤 분들에게 입혀주셨나요?
손외식	지금 방송 진행하시는 박성배 목사님께도 제가 양복을 해드렸습니다. 바인그룹 김영철 회장님, 제 아들이 연세대 농구선수일 때 감독이셨던 최희암 감독님, 주식회사 한성하람의 고위한 회장님, 주평강교회 기귀석 목사님 등 많은 분들이 있습니다.
	그리고 "내가 만드는 옷은 예술 작품이다"라고 하는 말은 최고의 품격 있는 양복을 의미합니다. 예술 작품이라고 생각하고 59년간 양복을 만드는 외길을 걸어왔습니다.

박성배	제가 손외식 강사님의 자서전《아직 끝나지 않은 열정》에 양복 입은 소감을 썼지만, 저는 손외식 양복장인께서 만들어 주신 양복을 입고, 날개를 달고 강의, 방송, 코칭 등을 하고 있습니다. 그런 최고의 양복 장인의 전문성을

가지고 크리스토퍼 리더십도 26년째 계속해 오고 계신 것이죠?

손외식 양복을 하다가 IMF때 어려움을 겪게 되었는데, 지인의 소개로 그때 크리스토퍼 리더십을 시작하게 되어, 지금까지 26년간 강사로서 활동하고 있습니다.

박성배 자서전《아직 끝나지 않은 열정》을 출간하신 대한민국 최고의 양복장인이자, 26년간 크리스토퍼 리더십 강사로 활동하고 계시는 손외식 강사님과 함께 하고 있습니다. 자서전을 쓰신 것처럼 크리스토퍼 리더십 이야기도 책으로 쓰고 계신 것으로 알고 있습니다. 어떤 내용으로 쓰고 계신지요?

손외식 제가 제일 힘들 때 크리스토퍼 리더십을 공부하면서 용기를 가지고 다시 재기하게 되었습니다. 그런 이야기와 크리스토퍼 리더십의 핵심 내용 10가지, 그리고 크리스토퍼 리더십을 공부하고 인생이 바뀐 분들이 이야기를 담고 있습니다.

박성배 이제 크리스토퍼 리더십 이야기를 좀 더 나누어 보겠습니다. 저도 2024년 1월부터 3월까지 공부를 해서 수료를 했는데, 사람들 앞에 나가서 발표하게 하는 실습 위주의 교육이 좋았습니다. 크리스토퍼 리더십에서 그런 강의 방식을 하는 이유는 무엇인가요?

손외식 직접 나가서 발표하게 함으로써 삶의 변화를 가져오게 합니다.크리스토퍼 리더십의 목표는 '세상의 어둠을 탓하기보다는 한 자루의 촛불을 켜라'입니다.

박성배 크리스토퍼 리더십 강사 26년을 하시면서 해외 여러 나라의 선교사님들에게 강의하신 거로 알고 있습니다. 그 이야기를 좀 해주세요.

손외식 해외(대만, 미얀마, 카자흐스탄 등) 선교사님들에게 크리스토러 리더십을 강의했습니다.

박성배 지금 남양주에서 11기 과정을 지도하고 계신데, 크리스토퍼 리더십 강의를 하면서 제일 큰 보람을 무엇입니까?

손외식 사람들이 변화되는 것에 보람을 느낍니다.

박성배 제가 공부를 해보면서 손외식 강사님은 참 강의를 잘하신다는 감동을 받았는데, 1분 특강으로 강의를 부탁드려 보겠습니다.

손외식 출간을 준비하는 있는 《손외식의 크리스토퍼 이야기》(가제)에서 자세히 만나실 수 있습니다.

박성배 마지막으로 손외식 강사님의 기도 제목을 나누어 주시기 바랍니다.

손외식 첫째, 양복장인으로 계속 양복 만드는 일, 둘째, 크리스토퍼 리더십을 계속하면서 책 출간, 셋째, 해외 선교사님들에게 '선교사의 리더십'을 강의하는 것입니다.

영동극동방송에서 방송 중(손외식 강사) 방송 녹음 후(손외식, 박성배)

왼쪽부터 손외식 강사, 김혜미 방송부장, 박성배 목사

대한민국 최고 양복의 산실
포이즈맨

대한민국 최고의 양복장인 손외식 대표는 "내가 만드는 옷은 예술
작품이다"라는 신조로 60여 년간 최고의 양복을 만드는 외길 인생
을 걸어왔다. 대한민국 정상의 인물들에게 품격있는 양복으로 그들
의 삶의 품격을 높여준 손외식 대표는 이 시대의 최고 양복장인이
다.

양복장인과 크리스토퍼 강사로 꽃피다 ②

손외식 강사와의 인터뷰

박성배 극동방송 가족 여러분, 한 주간도 평안하셨습니까? 〈박성배 목사의 책쓰기 코칭〉, 오늘은 59년간 양복을 만들어 오시면서 양복장인의 이름을 갖고 계시고, 또 크리스토퍼 리더십 강사로서 25년간 많은 사람들을 지도해 오신 손외식 강사님을 모시고 양복장인이 된 이야기와 크리스토퍼 리더십의 이야기를 나누어 보도록 하겠습니다.

박성배 먼저 손외식 강사님께서 극동방송 애청자분들에게 인사를 나누어 주시기 바랍니다.

손외식 극동방송 애청자 여러분 반갑습니다. 59년간 양복을 만들고 있는 손외식입니다.

박성배 성경 에베소서 2장 10절에 보면, "우리는 하나님의 만드신 작품"이라고 했습니다. 손외식 강사의 장인정신이 바로 성경 에베소서 2장 10절의 말씀을 실천하고 계신다는 생각이 듭니다. 만드시는 양복을 "예술 작품이다"라고 하는 내용을 자서전 《아직 끝나지 않은 열정》에 쓰셨는데, 그 이야기를 해주시기 바랍니다.

손외식 제가 만드는 양복은 예술 작품입니다.

박성배 어떻게 그렇게 대한민국 최고의 양복장인이 되실 수 있으셨는지요? 사실 저도 양복장인님이 직접 만들어 주신 옷을 입고 날개를 달고 다니고 있습니다. 자서전에 보면, 엄청난 노력을 하신 거로 알고 있습니다. 그 이야기를 해주시지요?

손외식 이태리와 일본에서 시스템 오더 방식을 배웠습니다.

박성배 자서전《아직 끝나지 않은 열정》에 보면, 양복뿐만 아니라, 어려울 때 크리스토퍼 리더십을 만나서 용기를 얻었고, 25년간 많은 사람을 키우는 강사의 길을 걷고 계시는데, 그 이야기를 해주시기 바랍니다.

손외식 25년간 크리스토퍼 리더십으로 사람을 키워왔습니다.

박성배 자서전 출간에 이어《크리스토퍼 리더십》도 집필 중이신 걸로 알고 있습니다. 어떤 내용의 책을 쓰고 싶으신지요?

손외식 《손외식의 크리스토퍼 이야기》를 쓰고 있습니다.

박성배 쓰고 계신《크리스토퍼 리더십》이 출간되면, 극동방송에서 그 내용을 칼럼으로 설명해 주시는 것도 좋을 것 같습니다. 크리스토퍼 리더십의 핵심 10가지는 무엇입니까?

손외식 1. 용기 2. 경청 3. 자아 개방 4. 고유함의 인식 5. 타인에 대한 배려 6. 긍정적인 면을 강화하기 7. 애정을 가지고 돌봐주기 8. 사랑과 나눔 9. 죽음과 영원 불멸 10. 공동체입니다.

박성배 59년 양복장인, 25년차 크리스토퍼 리더십 명강사이신 손외식 강사님과 이야기를 나누고 있습니다. 제일 좋아하는 성경 말씀은 무엇입니까?

손외식 시편 23편입니다.

박성배 마라톤도 127회를 완주하신 열정의 인생을 살고 계시는데, 그 열정의 비결은 무엇입니까? 마라톤이 인생에 주는 교훈은 무엇입니까? 통일이 되면 북녘땅까지 마라톤으로 가실 생각이십니까?

손외식 마라톤이 인생과 신앙인에게 주는 교훈은 인내와 포기하지 않는 정신입니다.

박성배 자서전 《아직 끝나지 않은 열정》을 쓰셨는데, 책을 쓰시고 나서 유익한 점은 무엇입니까?

손외식 극동방송에서 인터뷰하는 등 삶의 지경이 넓어졌습니다.

박성배 손외식 강사님과 함께 이야기를 은혜롭게 나누다 보니 벌써 시간이 다 되었습니다. 마지막으로 손외식 강사님의 기도 제목을 나누어 주시기 바랍니다.

손외식 100세까지 건강하게 살면서 양복을 만들고 크리스토퍼 강사로서 활동하고자 합니다.

크리스토퍼 리더십 남양주 구리센터

손외식 강사는 IMF 위기 때 크리스토퍼 리더십을 만나 인생을 다시 시작할 수 있었다. 감사와 섬김으로 지난 25년간 크리스토퍼 리더십 강사로 국내와 해외(미얀마, 대만, 등)에서 강의를 해왔다. 100세 현역 크리스토퍼 리더십 강사를 꿈꾼다.

손외식

대한민국 최고의 맞춤 양복장인이 되고자 하는 꿈을 가지고 1970년에 서울로 상경하였다. 74년 한성 양복점을 개업하고 꾸준히 노력하면서 양복장인의 길을 걸어왔다. 현재 서울 롯데 잠실점에서 '예복의 집'을 경영하고 있다.

최고의 양복장인으로 KBS 생방송 〈전국은 지금〉, SBS 〈모닝와이드〉 등에 출연하였으며, 최고의 양복장인으로 현대그룹 창업자 정주영 회장, 바인그룹 김영철 회장, 최희암 연세대 농구 감독, 유정복 현 인천시장, 문용린 전 교육부장관 등 우리나라 각계각층의 명사들에게 맞춤 양복으로 품격의 옷을 입혀주었다. 1999년부터 23년째 크리스토퍼 리더십 강사로 섬기고 있다. 그리고 미얀마, 대만 등에서 선교사들을 대상으로 강의하였다. 앞으로도 기회가 되는 대로 전 세계의 선교사들을 위해 크리스토퍼 리더십 강의를 하고자 한다.

아내 전영순과의 사이에 1녀 손경희와 1남 손종오가 있다. 현재는 포이즈맨 양복점 대표이며, 남양주 다산지회 CBMC 회장으로 섬기고 있다. 현재 한국 크리스토퍼 남양주 구리 센터 소장을 역임하고 있다.

문의
- Mobile / 010-2248-2546
- E-Mail / pois2007@naver.com

대한민국 커피 양탕국으로 꽃피다

홍경일 목사와의 인터뷰

박성배 극동방송 가족 여러분, 평안한 주일 보내고 계십니까? 〈박성배 목사의 책쓰기 코칭〉, 오늘은 경남 하동에 위치한 커피마을인 '커피문화독립국 양탕국'의 대표이신 홍경일 목사님을 모시고 이야기를 나누어 보겠습니다.

박성배 먼저 홍경일 목사님께서 극동방송 가족들에게 인사를 나누어 주시기 바랍니다.

홍경일 극동방송 가족 여러분 반갑습니다. 커피문화독립국 양탕국의 대표 홍경일 목사입니다. 하동은 경상도와 전라도의 경계인 섬진강의 동쪽에 있는 작은 고장입니다. 강의 동쪽에 있다고 해서 '하동'입니다. 그런데 우리 하동의 기독교인들은 하동의 뜻을 '하나님과 동행하는 고장'이라는 뜻으로 더 많이 이야기하고 있습니다. 그리고 하동은 우리나라 1호 국립공원인 지리산국립공원으로 둘러싸여 있는 곳이고, 저희 커피문화독립국 양탕국 역시 구재봉이라는 지리산의 한 줄기 아래에 위치하고 있습니다.

박성배 커피문화독립국 양탕국은 어떤 곳입니까?

홍경일 양탕국은 일단 '서양 양', '끓일 탕'에 한글 '국'으로 사용하고 있는데, 뜻으로 본다면 서양의 탕국 정도로 생각하시면 되겠습니다. 커피라는 뜻이죠. 그런데 저희는 구재봉 공드림재라는 재 꼭대기에 하나의 마을-국가-처럼 독립적으로 자리하고 있어서 양탕국의 국을 '나라 국'이라는 이중의 의미로도 사용하고 있습니다. 그래서 '양탕국'은 브랜드 네임으로서 커피라는 뜻을 넘어서 대한민국의 커피 역사와 커피문화 역사를 '독립적으로' 만들어 나가는 곳, 독립국으로 자리 잡고 있습니다.

박성배 2018년에는 《양탕국 커피가 온다》는 책도 출간하셨는데, 책에는 어떤 이야기를 쓰셨는지요?

홍경일 우리는 '문화'라는 것을 만들어 나가는 것이다 보니 이야기해야 할 것이 너무 많음을 느꼈습니다. 커피문화체험관을 운영하고 있는데 오시는 분마다 모든 이야기를 할 수 없으니 차라리 책으로 써서 우리의 이야기를 펼치면 되겠다는 생각이 들어서 출간하게 되었습니다. 책에는 당시 운영하던 카페체험관의 메뉴들과 만드는 법, 양탕국이 탄생하게 된 동기와 지나온 발자취, 그리고 비전을 담았습니다.

박성배 양탕국의 정체성에 대해서 이야기를 해주시기 바랍니다.

홍경일 양탕국은 재미있는 말이죠. 먼저 양탕국이 탄생하게 된 배경을 알 필요가 있습니다. 우리는 지금 일상생활에서

'양' 자가 들어간 많은 단어들을 사용하고 있습니다. 대표적인 것이 양파, 양배추, 양상추 등의 단어들인데요, 조금 전에도 말씀드렸다시피 이 '양'은 '서양 양', 즉 '서양의 것'이라는 뜻으로 이해하시면 되겠습니다. 1883년도에 우리나라의 인천항이 개항하면서 서양의 문화와 물건들이 들어오게 됩니다. 이 시기를 개화기라고 하지요. 그런데 우리나라에도 있는데 서양에서 그와 비슷한 것이 들어오면 서양말을 그대로 사용하지 않고 앞에 '서양 양' 자를 붙여서 '서양에서 들어온 무엇'이라는 뜻으로 사용하게 된 것이죠. 서양의 것과 우리의 것을 크게 나눈다는 의미로 사용된 말이라고 생각하시면 되겠습니다. 우리에게 파가 있는데 서양에서도 비슷한 것이 들어오면 '양파'라고 하지요. 우리 배추는 그냥 배추, 서양 배추는 '양배추'라고 합니다. 우리에게 상추가 있는데 서양에서도 들어온 것은 '양상추'라고 하지요. 얼마 전 파리 올림픽에서 우리나라 양궁이 세계 1위를 했지요. 양궁 역시 서양식의 화살을 사용하는 궁술이라고 해서 우리식의 화살을 사용하는 국궁과 대비되는 말입니다. 제일 재미있는 것은 양말인데요, 우리는 어린 시절부터 아무런 생각 없이 '양말'을 신고 있는데, 이 양말의 뜻이 '서양 양'과 '버선 말'이라고 해서 '서양 버선'이라는 뜻을 가지고 있습니다. 이렇듯 우리는 일상생활에서 '양' 자가 들어간 말을 많이 사용하고 있는 것입니다. 그런데 커피가 우리나라에 들어올 당시 우리나라에는 커피가 없었죠. 우리나라에 전혀 없는 것이 들어오다 보니 그냥 '커피'라는 말을 사용하기가 어색하여 일종의 별명을 붙인 것이 양탕국입니다. 서양의 탕국, 즉 서양에서 들어왔는데 탕국처럼 후루룩 마시는 것이라 하여 양탕국으로 불리게 된 것이죠.

양탕국이라는 말은 참 재밌습니다. 양탕국에는 우리의 민족 정서가 담겨있습니다. 커피를 '탕국'이라고 표현하는 것은 전 세계에는 찾아볼 수 없는 독창적인 표현이죠. 그래서 '양탕국'이라는 말 속에는 우리 민족의 창조성, 풍자성, 해학성 등 여유롭고 유순한 우리의 민족성이 담겨있는 것이고 이것이 바로 우리의 문화적 정체성이라는 것입니다.

커피문화독립국 양탕국은, '양탕국'이 단순히 개화기에 커피를 부르던 유별난 명칭이라는 뜻에 더하여 우리의 커피문화를 만들어 나가고 있는 곳입니다. 우리나라는 현재 전국 11만여 개의 크고 작은 카페들이 있습니다. 말하자면 카페공화국이지요. 그런데 그런 11만 개나 되는 카페들의 정체성은 하나도 없습니다. 어디를 가나 비슷한 재료로 만드는 같은 명칭의 메뉴들과 비슷비슷한 인테리어가 있을 뿐입니다. 우리나라 작년 성인 1인당 커피 소비량이 405잔입니다. 하루에 커피를 한 잔 이상 마시는 민족이라는 것입니다. 그럼에도 불구하고 우리만의 커피문화가 없다는 것이 아이러니하지 않습니까? 우리나라의 커피문화라 해봐야 기계에서 에스프레소를 만들어 물을 부어 아메리카노를 만들거나 우유를 부어 라떼를 만드는 기계적 문화(이것은 유럽의 커피문화이죠), 그리고 기구에 필터를 끼우고 손으로 물을 부어 커피를 만드는 일명 핸드드립(이것은 일본에서 만들어 낸 일본식 커피문화입니다), 그리고 핸드드립문화를 기계로 할 수 있도록 해둔 것이 바로 미국식 커피메이커입니다. 즉, 카페공화국 대한민국의 커피문화는 대한민국적인 것이 없고 유럽식이나 일본식이나 미국식으로 먹고 마신다는 것입니다.

그래서 저희는 한국에만 있는 커피를 뜻하는 단어 '양탕국'을 단지 예스러운 커피 명칭이라는 의미를 떠나 '한국의 독보적인 커피문화다'라고 선포하고, 한국적인 커피문화를 세워나가고 있고, 그곳이 바로 커피문화독립국 양탕국이라는 것입니다.

박성배 《양탕국 커피가 온다》 출간 이후에 많은 활동을 하고 계신 것으로 알고 있습니다. 어떤 일을 하고 계시는지 이야기해 주시기 바랍니다.

홍경일 네, 지난 2018년 《양탕국 커피가 온다》 출간 이후에 많은 일들이 있었습니다. 카페를 운영하거나 커피, 커피 역사에 관심 있으신 분들, 특히 앞으로 교회에 커피로 문화 사역을 하시고자 하는 목사님들과의 만남이 지속적으로 이루어지고 있습니다. 그리고 박물관, 도서관 등에서 책을 이용한 강연 요청과 교육 요청이 지속적으로 이루어지고 있습니다. 그리고 '양탕국살롱'이라는 이름으로 양탕국에서 개발한 추출법을 통한 케이터링 행사를 지속적으로 하고 있고, 이 양탕국살롱을 교회 내 문화사역의 일환으로 교육하고 있습니다. 이번 2024년 4월에는 한국 문화재재단과 문화재청의 후원으로 덕수궁 정관헌에서 8박 9일간 약 4,000명의 시민을 대상으로 양탕국 강연과 케이터링 행사를 하였습니다.

박성배 대한민국 커피문화독립국 양탕국의 앞으로 비전과 꿈은 무엇입니까?

홍경일 첫째로, 양탕국이라는 문화선교실천사역자를 양성하여 빛이 필요한 어두운 곳에 국내 700군데 이상의 선교 사역지를 만들고자 합니다. 2000년대 초반에 '양탕국 아저씨의 작은 커피집'이라는 이름의 프랜차이즈사업을 한 적이 있었는데요, 당시에 10평 남짓 되는 작은 카페에서 '카페문화를 만들어보자'라는 취지를 적용해 보았습니다. 카페를 운영하는 운영자들이 가진 달란트로 사회에 공헌하는 일을 해보자는 것이었는데 제법 성공적이었습니다. 이렇게 문화가 가진 위력을 통해 우리가 가진 목적과 방향을 향해 나아가는 것이 비전입니다. 목적과 방향이라는 것은, 마지막 세대, 마지막 선교는 문화선교 시대다라는 비장한 각오를 가지고 다음 세대를 양성하고 그들을 통해 문화의 세계로 깊이 들어가 온 세상을 섬기고, 섬김이라는 수단을 통해서 길잃은 어린 양들을 찾아내고 구해내는 것입니다.

둘째는, 이러한 일을 위해서 커피문화독립국 양탕국을 캠퍼스로 하여 문화선교실천 사역자들을 양성하는 대학원대학교를 세우는 일입니다. 이것은 신학교를 만들어 목사나 교역자를 세우는 것이 아니라 성도들 중 하나님의 일을 하고자 하는 열정이 있는 사람들을 문화선교 사역자로 교육시켜 각 지역에 파송선교사로 내보내는 일을 하고자 하는 것입니다. 선교의 최전방인 세상 속에서 사람들을 만나 사랑으로 섬기고 헌신하고 행함으로 말씀을 전하는 자들이 될 수 있는 문화선교 사역자를 만드는 일을 하고자 합니다.

박성배 처음에 양탕국에 대한 비전과 소명은 어떻게 받게 되셨는지요?

홍경일 2000년대 초반부터 생업으로 하던 인스턴트 커피사업을 하던 어느 날 길을 가다가 '양탕국'이라는 세 음절을 강하게 듣게 되었습니다. 당시 물건을 팔아 장사를 하는 생활에 회의를 느끼며 하나님께 어떻게 살아야 하는가에 대해 끊임없이 여쭙고 있던 때였습니다. 양탕국과 문화선교에 대한 소명을 듣자마자 도시의 모든 것을 정리하고 귀농귀촌하여 지금에 이르게 되었습니다.

박성배 국내와 해외에서 주로 어떤 내용을 강의하시는지요?

홍경일 아직까지는 주로 국내에서 강의 및 시연 활동을 하고 있습니다. '양탕국살롱'이라는 제목으로 커피문화독립국 양탕국에서 세운 '양탕국감응5식 오림법 추출법'으로 커피를 추출하면서 커피 추출 강의, 커피 케이터링, 커피문화 강의를 하고, 우리가 잊어서는 안 되는 우리의 역사와 하나님 나라의 비전을 설명하고 강의합니다. 그리고 지금 '양탕국'으로 마드리드 7개국 상표권이 등록되어 있어서 해외에서 양탕국의 지경을 넓혀가고 있습니다.

박성배 마지막으로 기도 제목을 나누어 주시기 바랍니다.

홍경일 네, 기도 제목은 다음과 같습니다. 첫째, 양탕국문화선교재단 설립, 둘째, 디베랴문화선교실천대학원대학교 설립, 셋째, 양탕국 아저씨의 작은 커피집 문화선교실천사역센터 700선교센터를 개척하는 것입니다.

박성배 〈박성배 목사의 책쓰기 코칭〉, 오늘은 커피문화독립국 양탕국 홍경일 목사님과의 소중한 시간이었습니다. 극동방송 애청자 여러분, 그리고 통일이 되면 만나게 될 북녘에 계신 여러분, 다음 시간에 뵙겠습니다.

대한민국 커피문화독립국
양탕국

① 양탕국문화선교재단 설립

② 디베랴문화선교실천대학원대학교 설립

③ 양탕국 아저씨의 작은 커피집 문화선교실천사역센터 700선교센
   터 개척

덕수궁 정관헌 양탕국 라운지

홍경일

홍경일은 1960년대 부산에서 태어났다. 10~20대의 시절을 경남 통영에서 보내면서 예술의 도시 통영의 카페문화가 각인되었다. 2001년부터 '커피'라는 단어를 삶에 적용하면서 우리나라 커피문화의 부재(不在)를 인식하고 커피에 대해 깊이 연구하여 우리나라 최초의 커피명인 '양탕국'을 발견하였다. 이후 커피의 역사성과 예술성을 우리나라만의 커피 이름 양탕국에 적용하기 위해 2005년 커피문화독립국 양탕국을 선포했다. 20년의 세월을 '대한민국 커피문화독립'에의 열정을 쏟아부으면서 새로운 '대한민국 커피문화'를 선도하고 있다.

대한민국 커피 역사의 시작인 개화기를 기점으로, 그 시대의 사회, 역사, 문화를 커피-양탕국의 관점에서 연구하면서 개화기를 통해 이식된 기독교의 역사를 또한 커피-양탕국에 적용하여 '문화선교 사역'이라는 차세대, 미래세대의 선교를 펼쳐나가고 있다.

'문화독립'이라는 새로운 이슈를 '말씀'이라는 기독교적 시각으로 펼쳐나가는 그는 2017년 백석교단에서 목사 안수를 받았다. 커피문화독립국 양탕국을 찾는 많은 사울들이 다메섹에서 예수를 만나기를 소원하여 '다메섹도상교회'를 개척하였다. 또한, '기독교·양탕국커피문화선교사역재단'을 설립하고 문화사역자 양성을 위한 실천신학교인 '디베랴문화선교실천대학원대학교'를 꿈꾸고 있다.

문의

- Mobile / 010-3565-9470
- E-Mail / ytg9470@naver.com

음식 코칭 전문가로 꽃피다

강혜숙 박사와의 인터뷰

박성배 극동방송 가족 여러분, 한 주간도 평안하셨습니까? 〈박성배 목사의 책쓰기 코칭〉 오늘은 《다독다독 책·꿈·행복》 공저를 시작으로 《그림책 먹는 엄마》와 《강혜숙 박사의 내 아이를 위한 음식코칭》을 출간하신 강혜숙 박사님을 모시고 이야기를 나누어 보겠습니다.

박성배 먼저 강혜숙 박사님께서 극동방송 가족들에게 인사를 나누어 주시기 바랍니다.

강혜숙 극동방송 애청자 여러분 반갑습니다. 저는 거제 신현교회 집사이고요. 34년 전부터 지금껏 음식에 관한 공부와 연구를 했고, 현재 세 아이와 남편을 위해 밥상을 차리는 일을 하면서, 주변 사람들에게 건강한 음식을 먹도록 하브루타를 통해 동기부여를 하고 있는 활동가이자 코치인 강혜숙입니다.

박성배 강혜숙 박사님은 처음에 어떻게 글을 쓰시게 되었습니까?

강혜숙 그 당시 제가 출석하던 광주벧엘교회에 작은도서관이 있

194

어요. 제가 다독다독 작은도서관에서 자원봉사도 하고, 프로그램도 참여하고 있었는데 마침 박성배 목사님의 글쓰기 과정이 개설된 거죠. 하필 그날 교사 수련회와 일정이 중복되어서 어디에 참여할까 고민하다가 글쓰기 수업에 참석하기로 결심했지요.

그 글쓰기 수강생들과《다독다독 책·꿈·행복》을 같이 출간하면서 글쓰기를 시작하게 됐고요, 그 후에 박성배 목사님의 코칭으로《그림책 먹는 엄마》를 썼고, 2023년에는《강혜숙 박사의 내 아이를 위한 음식코칭》을 쓰게 되었습니다.

박성배 그날 글쓰기 수업을 선택하면서 새로운 인생이 펼쳐진 것 같은데요. 첫 공저를 쓰고, 어떻게 두 권의 단행본을 더 쓰게 되었는지 그 진행 과정이 궁금합니다.

강혜숙 《다독다독 책·꿈·행복》처럼 여러 명이 함께여도 책을 쓴 경험이 있었기에, 그 이후 두 권의 단행본도 쓸 용기가 생겼어요. 시작이 반이라는 말이 정말 맞는 것 같아요. 공저가 출간된 이후에 박성배 목사님께서 '공저는 최종 목표가 아니다. 자기만의 글을 써야 한다'고 하셨어요. 그럼 내가 뭐로 책을 쓸 수 있을까 고민해보니까, 그림책이 떠올랐어요. 그 당시 제가 아이들 키우면서 그림책을 읽어주기도 했지만, 그림책을 읽으면서 제가 위로받는 경우가 많았어요. 육아에 지쳐서 긴 책은 읽을 여유가 없는데, 그림책은 짧으면서도 강력한 메시지가 있더라고요. 크리스천은 각자의 사명을 글로 쓰면 된다고 목사님께서 말씀하셨잖아요. 당시는 육아가 제 사명이라 여기던 때였거든요. 내 삶을 글로 써서 오픈하는 것이 때로는 부끄러울 수도 있는데, 사명이라 생각하고, 하나님이 격려하신다고 생각하니 용기를 낼 수 있었어요. 대단한 삶은 아니지만, '이 사람은 이렇게 살고 있구나. 그림책을 통해 이렇게 생각할 수도 있구나' 하는 점을 보여준 거죠. 그때는 기독교적인 관점에서 그림책을 바라보는 책이 없었어요. 그래서 《그림책 먹는 엄마》라는 신앙 에세이를 쓰게 됐죠.

그렇게 첫 번째 단행본을 쓰고 나니까 그다음 주제가 자연스레 정해졌어요. 음식에 관한 것이었어요. 제가 식품영양학을 전공했는데, 아이들이 먹는 음식, 아니 양육자들이 아이들에게 주는 음식을 보면서 안타까운 마음이 많이 들었죠. 그래서 《강혜숙 박사의 내 아이를 위한 음식코칭》이라는 책이 나오게 됐죠.

박성배   지금은 음식 코치로 활동하고 계시는데, 《강혜숙 박사의 내 아이를 위한 음식코칭》의 집필도 쉽지만은 않으셨다고요. 그 과정과 그 후에 어떤 일들을 하나님께서 이루어가고 계신지를 이야기해 주세요.

강혜숙   출판사에서 거절도 많이 당했고요. 《강혜숙 박사의 내 아이를 위한 음식코칭》은 다섯 번을 다시 썼어요. 처음에 내용을 작성해서 가까운 지인들에게 보여줬더니 너무 어렵다는 거예요. 자세히 최대한 잘 알려주려다 보니 어려워졌던 것 같아요. 그래서 실제 우리 가정에서 적용했던 내용과 편지, 대화글, 체험수기, 건강한 레시피 같은 것을 넣어서 읽기 좋은 구조로 만들었지요. 실제로 식습관을 바꾸고자 할 때 쓸 수 있는 식사 일지라든지, 주간 식단표, 습관반전훈련표, 제철음식표, 장보기 습관이 어떤지, 내가 먹은 음식의 빛깔 같은 것을 기록할 수 있는 다양한 서식을 제공하고 있어요. 책 뒤쪽에는 부록으로 건강한 레시피를 70여 개를 수록해 놓았어요.

제가 책에 기록한 레시피를 영상으로 만들어서 유튜브 채널 〈강혜숙TV 건강한 식습관〉에 올려놓았거든요. 아직도 계속 업데이트 중이고요.

작년 가을에 제 영상을 보고 생전 처음 김장김치에 도전한 분이 계셔요.

어머니께서 밭에서 기른 배추를 수확해 놓고, 몸이 편찮으셔서 김장을 못하고 배추가 말라가는 상황이었거든요. 그때 이분이 제 책과 유튜브로 김치 담그기를 보고 배추를 절이는 데서부터 시작해서 김장을 시작한 거예요. 그 어머니께서는 아프시지만 딸이 하는 걸 보니 뭔가 어설프고 마음에 안 들어서 뭐라 뭐라 하셨나 봐요. 독자분이 마음이 복잡하고 김장김치가 맛없을까 봐 걱정하면서 제게 장문의 문자를 보내셨어요. 그래서 제가 '김장김치는 익으면 다 맛있어진다'고 했더니 그 말에 상당히 힘을 얻었더라고요. 이왕 김치 담그기로 맘먹었으니, 어머니께서 뭐라 하셔도 그냥 그대로 밀고 나간 거죠. 그런데 어머니가 보다가 안 되겠던지 아픈 몸을 털고 일어나셨어요. 아버지께서 무를 채 썰어 주시고, 김칫소는 어머니께서 직접 만드셨다고 하더라고요. 그렇게 기적의 김장 김치를 만들었다면서 제게 후기를 보내왔어요. 김치맛이 이전의 김치와는 달랐겠지만, 그 독자분은 자신감이 생겼더라고요. '아, 이렇게도 할 수 있구나!' 하면서요. 저도 그 후기를 받고 너무 감사했고요, 책 쓰고 영상 올린 보람이 있더라고요.

박성배 강혜숙 박사님은 세 권의 책을 쓰고 음식 코칭 전문가가 되셨는데, 책을 쓴다는 것이 왜 중요한 것 같습니까?

강혜숙 책이 없을 때는 제가 하고 싶은 말을 한두 사람에게 말할 수는 있지만, 책으로 내 생각을 정리하여 출판하고 나니까, 책이 스스로 말을 하고 있더라고요. 책이 저의 대언자가 되는 거죠. 제가 그냥 건강한 음식을 먹어야 한다고 말하는 것보다 책으로 정리해 놓으니 논리적인 설명이 되는 것 같아요. 책은 독자들을 만날 수 있는 소통의 매개가 되지요.

요즘에 거제시 초등학교에서 '푸드 하브루타'로 수업을 하고 있는데요, 제 소개를 할 때 책을 세 권 썼다고 하면 놀래기도 하고, 도서관에 본 책이라며 아이들이 아는 체를 하기도 해요. 요즘엔 출판이 많이 쉬워졌지만, 그래도 책이 있는 것과 없는 것은 차이가 있더라고요.

제가 식습관 개선 프로젝트와 밥상힐링캠프, 식습관 코칭을 하는데 제 책이 교재로 사용되고 있어요. 제가 죽더라도 이 책은 남아서 계속 제 말을 전해주겠지요. 우리 아이들에게도 좋은 유산이 될 것 같아요. 엄마는 이런 생각을 하고 이렇게 실천하며 살았구나 하고 말이지요.

박성배 《강혜숙 박사의 내 아이를 위한 음식코칭》을 쓰신 후에 지금은 어떤 활동을 하고 계시며, 이 책의 핵심 내용은 무엇인지를 이야기해 주시기 바랍니다.

강혜숙 요즘엔 왜 이렇게 소아암도 많고 20~30대 젊은이들도 암이나 희귀병에 시달릴까 하는 질문에서 《강혜숙 박사의 내 아이를 위한 음식코칭》을 집필하기 시작했어요. 어떻게 하면 우리 아이들이 건강하게 자라서 하나님의 사람으로 비전을 향해 힘차게 달려갈 수 있도록 키울 수 있을까 하는 내용이죠. 하나님께서 각 개인을 지으시고 그들을 향한 계획이 있을 거예요. 그것을 우리가 사명과 비전으로 발견하잖아요. 그 비전을 향해 달려갈 때 건강이 걸림돌이 되지 않기를 바라는 마음으로 글을 썼어요.

앞서 기적적으로 김장김치 담근 이야기도 해드렸지만, 저는 요리를 복잡하게 하지 않아요. 그래서 그분이 시작할 용기를 냈을 거예요. 간단하면서도 맛있고 건강한 밥상을 차릴 수 있고, 생각만 바꾸면 어렵지 않게 누구나 할 수 있다는 것이 주요 내용이죠. 가공식품의 어떤 점이 문제고, 건강하려면 어떻게 먹어야 하는지, 어떻게 실천이 가능한지 구체적인 방법도 적어 놓았어요.

저는 음식 코치로서 제 삶이 먼저 사람들에게 본이 되고 싶고요, 사람들이 자신의 식습관을 바꾸고 싶은데 어떻게 해야 할지 모르는 분들을 돕고 싶어요. 그래서 지금은 거제시에 있는 학교나, 온라인으로 '푸드 하브루타' 수업과 음식 코칭을 하고 있어요. 시작 단계이긴 하지만 〈강혜숙 TV, 건강한 식습관〉이라는 유튜브 채널과 블로그, 페이스북, 인스타그램 등 다양한 채널을 통해서 독자들과 소통하려고 하고 있습니다.

박성배   앞으로 어떤 음식 코칭 전문가가 되고 싶으신지요?

강혜숙   밥상 하브루타 문화를 이끄는 코치가 되고 싶어요. 하브루타는 짝과 대화하고 질문하고 토론하며 '토라'를 연구하는 학습방법인데요, 유대인들은 아기가 태중에 있을 때부터 자녀와 하브루타를 해요. 자라면서는 아버지나 친구와 함께 토라뿐만 아니라 공부에서도 토론문화가 자리 잡히면서 창의적이고 비판적인 사고능력을 갖게 되지요. 가정에서도 한 가지 주제를 두고 부모 자녀 간에 대화가 자연스럽죠. 일주일에 한 번 금요일 저녁이면 온 가족이 둘러앉아 서로를 축복하고, 만찬을 나누고, 토라를 중심으로 한 주간 감사한 일, 자신의 고민 같은 대화로 자연스레 연결돼요.

건강한 음식을 먹어서 개인의 몸이 건강해지는 것이 최종 목표가 아니에요. 저는 우리네 가정이 유대인의 안식일 식탁처럼 그 자리에서 부모와 자녀가 배불리 먹고, 삶의 애환을 나누면서 건강한 관계를 다지면 좋겠어요. 이때 배달음식이 아니라 건강한 음식이면 더 좋겠지요. 유대인이 안식일 식탁을 지킨 것이 아니라, 안식일 식탁이 유대인을 지켜왔다고 할 만큼, 그 시간이 큰 역할을 하죠. 가정에서 감정이 소통되고 마음과 정신이 모두 만족감을 누리는 사람은 사회에서도 건강하게 자기 삶을 잘 꾸려가고, 이웃을 돌보고 사랑할 여유가 생기겠죠. 그런 선순환이 우리 밥상에서부터 시작될 수 있도록 돕는 코치가 되고 싶습니다.

박성배 음식 코칭 관련해서 꼭 하시고 싶으신 말씀이 있으시면 해주시지요.

강혜숙 《강혜숙 박사의 내 아이를 위한 음식코칭》에는 성구가 딱 한 구절 나와요. '선한 일을 하다가 낙심하지 맙시다. 지쳐서 넘어지지 아니하면, 때가 이를 때에 거두게 될 것입니다'라는 갈라디아서 6장 9절 말씀이에요. 이 말씀은 먼저 저에게 주신 말씀이기도 하고 우리 모두에게 주시는 메시지라고 생각해요.

현대인의 식습관 문제는 가공식품을 배제하면 대부분 해결돼요. 가공식품 대신 자연식품을 먹으라는 말은 거대한 자본과 맞서는 일이거든요. 그래서 이 말씀이 제게 힘이 되었어요. 저는 대기업에 맞설 힘이 없지만, 그보다 더 크신 하나님께서 저를 응원해주시니 담대히 하는 거죠.

많은 사람이 식습관에 관심은 있어도 건강식을 먹기 어렵다고만 생각해요. 건강한 자연식도 간단히 먹을 수 있고 우리 몸에 더 좋다는 점을 말하지만, 우리는 TV 광고에서 본 것을 먹고 싶어 해요. 가공식품에 부족한 영양성분은 여러 매체에서 광고하는 알약으로 대체하려고 하죠. 집밥 같은 느낌이 나는 밀키트를 먹으면서 위안하기도 하고요. 물론 때로는 가공식품이 필요할 때가 있어요. 그러나 30대 이하는 가공식품이 없는 밥상을 접해본 적이 없을 거예요. 신선하고 건강한 밥상을 받아본 적이 없어서 건강한 밥상이 얼마나 좋은지를 모르는 경우도 많아요. 그래서 낙심하지 말고 꾸준히 이 건강한 식습관 알리는 일을 이어가라고 응원해 주는 말씀 같아요.

또, 기도와 봉사를 할 때도 몸이 건강하면 더 잘할 수 있잖아요. 우리 모두가 하나님이 주신 몸과 마음을 돌보는 이 선한 일을 포기하지 않았으면 해요.

박성배 마지막으로 강혜숙 박사님의 기도 제목을 나누어 주시기 바랍니다.

강혜숙 네, 우선 무엇보다 제가 하나님의 음성을 더 잘 듣고 하나님과 사람에게 민감한 유능한 음식 코치가 되도록 기도해 주세요. 그래서 각 가정마다 밥상 하브루타 운동이 확산되어 우리 자녀들이 그 식탁에서 나눈 사랑 덕분에 각박한 세상을 살아갈 힘이 생겼으면 좋겠어요. 가정에서 그런 정을 나눌 기회가 없었던 자립준비청년들에게도 그런 따뜻한 장을 만들어 주고 싶어요.

유튜브 채널 〈강혜숙TV 건강한 식습관〉을 함께 이끌어 갈 동역자를 만나고 싶어요. 영상으로 올릴 내용은 많은데 영상편집이나 촬영기술이 모자라서 구독자들께 죄송하더라고요. 꾸준히 글과 영상을 잘 올려서 많은 분들게 도움이 될 수 있도록 기도 부탁드립니다.

강혜숙 박사

마흔에 엄마가 된 저자는, 아이들에게 그림책을 읽어주며 도서관과 친구가 되었습니다. 이 경험을 바탕으로 신앙 에세이집 《다독다독 책·꿈·행복》을 출간하며 작가의 길을 걷기 시작했습니다.

그림책 사랑에 푹 빠져 그림책 전문가로 성장한 저자는, 그림책을 통해 만난 하나님을 《그림책 먹는 엄마》에 담아 독자들과 공유했습니다. 저자의 진솔한 삶을 통해 양육자들은 따뜻한 위로와 공감을 얻을 수 있습니다.

6년간 세 아이를 홈스쿨링하며 초가공식품 없는 건강한 밥을 먹었습니다. 건강하면서도 간단한 레시피와 음식에 관한 제대로 된 정보, 음식 철학을 《강혜숙 박사의 내 아이를 위한 음식코칭》에 담았습니다. 저자는 '밥상'에서 아이들과 함께 대화하고 토론하며 '밥상 하브루타'를 실천하는 활동가이기도 합니다.

한국하브루타협회의 정회원이고 교육연구원으로 활동하면서 공동체를 통해 우정을 나누며 성장하는 삶을 지향합니다. 국제크리스천코칭협회 정회원이자 음식 분야의 전문코치로서 더 많은 사람들에게 건강한 삶과 행복한 양육을 위한 메시지를 전달하고 있습니다.

문의

- E-Mail / mildsarah@naver.com
- 블로그 / blog.naver.com/mildsarah
- 유튜브 / youtube.com/@goodeatingbehavior

선교 사역으로
인생 꽃피다

콘비벤츠 선교로 꽃피다 ①

정균오 선교사와의 인터뷰

박성배   극동방송 가족 여러분, 한 주간도 평안하셨습니까? 〈박
성배 목사의 책쓰기 코칭〉, 오늘은 러시아에서 30여 년
간 선교사로 사역을 하시면서 《온화한 미소의 사람 김동
익》을 출간하신 정균오 선교사님을 모시고 이야기를 나
누어 보겠습니다.

박성배   먼저 정균오 선교사님께서 극동방송 애청자들에게 인사
를 나누어 주시기 바랍니다.

정균오   극동방송 애청자 여러분 반갑습니다. 러시아에서 30년간
사역하면서 이번에 《온화한 미소의 사람 김동익》을 출간
한 선교사 정균오입니다.

박성배   정균오 선교사님은 예수교 장로회 총회 파송 선교사이며
한국 교회 최초의 조직 교회인 새문안교회의 후원 선교
사로 러시아에서 30년간 사역을 하신 것으로 알고 있습
니다. 러시아에 어떻게 가시게 되었는지요?

정균오   1991년에 소련이 무너지고 철의 장막이 열렸습니다. 그
때 새문안교회 5대 담임목사이셨던 김동익 목사님께서

북한 선교를 위해서 러시아 블라디보스토크에 교두보를 놓기 위해서 선교사를 파송하려고 준비했습니다. 김 목사님은 한국기독공보를 통해 선교사를 모집했습니다. 그러나 목사님 마음에 드는 적당한 사람이 없자 교역자 중에서 선교사를 뽑아서 보내려고 생각하고 부목사들을 면담했습니다. 수석 부목사님부터 면담을 했는데 아무도 선교에 응답하지 않았습니다. 그 당시 제가 사역자 중에 막내였는데 마지막으로 목사님께서 저를 부르셨습니다. 목사님은 저에게 러시아 선교사로 갈 것을 권면하셨습니다. 그러나 저는 그 당시 아내가 매우 아팠고 여러 차례 대수술을 한 상태라 선교사로 갈 수 없는 상황이었습니다. 저는 국내 목회를 준비하고 있었기 때문에 선교에 대해서 준비가 안 된 사람이었습니다. 저는 목사님의 요구를 받아들일 수 없었습니다. 그러나 목사님의 생각은 달랐습니다. 목사님은 저희 부부가 다 전도사이고 아이가 없기 때문에 선교사로 나가면 좋겠다고 생각하신 것 같았습니다. 김 목사님은 약 6개월간 저에게 러시아 선교사로 나갈 것을 요청하셨습니다. 목사님의 계속된 권면으로 선교사로 헌신하는 것을 고민하며 기도했습니다. 어느 날 아내와 함께 선교사들의 묘지가 있는 양화진을 방문했습니다. 그곳에서 어린아이들의 묘지를 보았고 죽은 아이들이 말하는 소리를 마음으로 들었습니다. 척박한 조선 땅에 들어와 복음을 전하다 아이들을 잃은 선교사들의 울음소리가 들렸습니다. 그러나 그것이 영광이었음을 고백하는 아이들의 음성이 들려왔습니다. '아골골 짝 빈들에도 복음 들고 가오리라'고 찬양하며 고백했던 것이 부끄러웠습니다. 3일간 금식하며 이사야 6장 8절 말씀을 듣게 되었고 선교사로 헌신하게 되었습니다. 그 후 하나님께서 아내를 건강하게 해주셨고 6년 만에 아들 과 딸을 선물로 주셨습니다.

박성배 이번에 출간하신 《온화한 미소의 사람 김동익》은 300페 이지가 넘는 방대한 분량의 전문 평전인데, 어떻게 이러 한 책을 집필하게 되셨는지요?

정균오 2020년에 안식년을 지내고 있을 때 제가 존경하는 김동 익 목사님에 관한 역사기록이 없다는 것을 알고 김동익 목사님 평전을 써야겠다고 생각했습니다. 그러나 어떻게 써야 할지 잘 몰랐습니다. 그때 코칭 전문작가이신 박성 배 작가님께서 목차 설계도는 해주셨습니다. 목차가 잡 은 후에 책을 어떻게 써야 할지 감이 잡히기 시작했습니 다. 김동익 목사님의 아들 김태한 목사가 소장하고 있던 자료를 받아서 목차에 따라서 책을 기록하기 시작했습니 다. 포항제일교회와 새문안교회 당회 자료를 모아서 읽 으며 목사님의 발자취를 기록할 수 있었습니다. 김 목사 님과 함께 사역했던 부목사님들과 장로님들을 만나서 인 터뷰를 진행하며 책을 기록했습니다. 그 후 여러 차례 교 정을 하였습니다. 책 발간 비용이 없어서 기다리다가 누 이의 도움과 아내와 자녀들의 도움으로 제가 러시아 선교 30주년이 되는 올해 결단하여 책을 출간하게 되었습니다.

박성배 《온화한 미소의 사람 김동익》을 집필하면서 제일 크게 감동 받은 부분은 무엇입니까?

정균오 김동익 목사님은 저의 러시아 선교 30년을 견디게 한 훌륭한 신앙의 멘토이셨습니다. 저를 선교지에 보내시고 한 달에 한 번씩 국제 전화를 하셨습니다. 전화하시면 딱 세 마디를 말씀하셨습니다. "정 목사 잘 있는가? 잘 있습니다. 별일 없는가? 네 별일 없습니다. 그럼 됐네." 이런 생각이 나며 목사님의 사랑에 감동했습니다.

목사님은 약자들을 옹호하며 부교역자들을 동역자로 생각하며 공부하게 했고 한 달에 한 번씩 주일 대 예배 설교를 부교역자들이 하게 하고 자신은 교회학교 각 부서를 돌며 설교한 점입니다.

박성배 책의 내용을 보니까 전부 3개의 Part로 구성되어 있고, 7장으로 구성되어 있습니다. 책의 구성과 내용을 설명해 주시기 바랍니다.

정균오 네, 이 책은 말씀하신 것처럼 세 개의 파트, 총 7장으로 구성되어 있습니다. 첫 번째 파트는 인간 김동익 목사, 목회자 김동익 목사, 신앙인 김동익 목사를 기록했습니다. 두 번째 파트는 김동익 목사의 설교와 신학과 사역을 말하고 있습니다. 세 번째 파트는 김동익 목사님과 함께 사역했던 목사님들과 장로님들, 권사님들과 목사님 비서였던 집사님의 글들을 담았습니다.

박성배 《온화한 미소의 사람 김동익》평전을 쓰신 저자로서 '김동익 목사님' 하면, 우리가 본받아야 할 점은 어떤 것들이 있을까요?

정균오 하나님 사랑과 이웃 사랑이 조화된 모습, 하나님 말씀에 대한 신뢰(죽기까지 설교하심), 신행 일치와 도덕(부드러움), 선지자적 설교 등을 본받으면 좋겠습니다.

박성배 《온화한 미소의 사람 김동익》을 출간하신 정균오 선교사님과 집필하신 책 이야기를 나누고 있습니다. 책 출간하고 저자로서 주변 분들에게 사인을 해드려 보니까 반응이 어떻습니까?

정균오 선교사 훈련원과 새문안교회 등에서 책 표지에 있는 목사님 얼굴만 보고도 우는 사람을 만난 적이 있습니다. 또한, 책 표지만 보고 책을 구입하고 싶다고 하는 분들이 있었습니다. 그만큼 목사님에 대한 사랑과 그리움이 크다는 것을 느꼈습니다.

박성배 저는 1992년 새문안교회에서 김동익 목사님 주례로 결혼을 하고, 늘 김동익 목사님께 배우려고 했습니다. 책을 직접 쓰신 정균오 저자님께 묻습니다. 김동익 목사님에게 배워야 할 바람직한 목회자상은 무엇입니까?

정균오	김동익 목사님은 영성과 지성을 겸비한 설교자로 설교에 깊이가 있었고 설교를 위해서 존재하고 설교에 목숨을 걸었던 분입니다. 또한, 김동익 목사님은 주님의 몸된 교회를 매우 사랑했던 분입니다. 목사님은 교회를 삶의 우선순위에 두었습니다. 그는 외국에 나가 있을 때도 교회 상황을 상세히 파악하셨습니다. 하나님의 말씀에 가장 큰 권위를 두고 설교에 목숨을 건 자세, 매일 책 한 권 이상 읽는 것을 목표로 하고 열정적으로 독서에 전념한 자세, 지하 서고에서 읽은 책을 묵상하고 삶으로 녹여내며 글을 쓰는 자세 등이 배워야 바람직한 목회자의 모습이라고 생각합니다.
박성배	이번에 김동익 목사님 평전을 쓰시는 동안 원고 수정에 아내 되시는 연성숙 선교사님이 9번이나 초고를 수정하시면서 최선을 다하신 거로 알고 있습니다. 감사하다는 말씀 한마디 해주시지요.
정균오	아내 연성숙 선교사는 제 사역의 70% 이상을 담당합니다. 연 선교사는 아내요 선교동반자입니다. 아내가 아니면 이 책은 세상에 빛을 보지 못했을 것입니다. 아내는 컴퓨터를 전공했고 국어 실력이 뛰어나서 제가 틀리게 쓴 맞춤법 등을 자세히 수정하느라 눈의 시력이 떨어질 정도입니다. 이 책의 50%는 아내 연성숙 선교사의 수고가 들어있습니다. 평생을 함께해 준 동역자 아내에게 감사하다는 인사를 전합니다.

| 박성배 | 《온화한 미소의 사람 김동익》이야기를 저자 정균오 선교사님과 같이 나누다 보니 벌써 마칠 시간이 되었습니다. 다음 주에는 러시아 선교 30년 이야기를 쓴《미션 콘비벤츠》이야기로 한 번 더 말씀을 나누도록 하겠습니다. |

| 박성배 | 마지막으로 기도 제목을 나누어 주시기 바랍니다. |
| 정균오 | 러시아 전쟁이 하루빨리 끝날 수 있도록 기도해 주시기 바랍니다. 성공, 유명한 선교사가 아닌 신실한 선교사가 되어 하나님께 영광 돌리는 선교사가 될 수 있도록, 남은 3년 동안 러시아 선교를 잘 마무리하고 한국에 들어와서 고려인들을 섬길 수 있는 길을 열어 주시도록, 3년간 총회 선교사 훈련원 원장 사역을 잘 감당할 수 있도록 기도해 주시면 감사하겠습니다. |

방송 녹음 후(정균오 선교사, 박성배 목사)

콘비벤츠 선교로 꽃피다 ②

정균오 선교사와의 인터뷰

박성배 극동방송 가족 여러분, 한 주간도 평안하셨습니까? 〈박
성배 목사의 책쓰기 코칭〉, 오늘은 러시아에서 30년간
선교사로 사역을 하시면서 《미션 콘비벤츠》를 출간하신
정균오 선교사님을 모시고 이야기를 나누어 보겠습니다.

박성배 먼저 정균오 선교사님께서 극동방송 애청자들에게 인사
를 나누어 주시기 바랍니다.

정균오 극동방송 애청자 여러분 반갑습니다. 러시아에서 30년간
사역하면서 이번에 《미션 콘비벤츠》를 출간한 선교사 정
균오입니다.

박성배 책 제목이 《미션 콘비벤츠》인데, 그 의미는 무엇입니까?

정균오 콘비벤츠(Konvivenz)란 '함께 더불어 사는 삶'을 의미하
는 스페인어입니다. 이 단어는 독일의 선교학자 테오순
더마이어(Theo Sundermeier)가 사용했습니다. 그는 콘
비벤츠를 통해 새로운 선교 패러다임을 제시했습니다.
콘비벤츠는 서로 돕는 공동체, 서로 배우는 공동체, 잔치
하는 공동체라는 의미가 있습니다. 콘비벤츠는 상호 의

존적인 존재라는 토대에서 출발합니다. 건강한 인간관계
는 수직적이 아니라 수평적이라는 것입니다. 일방적이
아니라 상호적인 것입니다. 서로 사랑할 때 수평성과 상
호성을 회복할 수 있습니다. 사랑과 존중을 기초로 서로
돕고 서로 배우고 함께 식탁을 나눌 때 타인과 함께 더불
어 살 수 있습니다. 그러므로 필자는 콘비벤츠를 상호존
중을 기초로 한 상호도움, 상호배움, 함께 잔치하는 공동
체로 이해하고 이러한 정신에 의해서 선교를 해야 한다
는 생각으로 이 단어를 사용했습니다.

박성배 이번에 출간하신 《미션 콘비벤츠》는 380페이지 정도 되
는 방대한 분량의 러시아 선교 30년의 책인데, 어떻게 이
러한 책을 집필하게 되시었는지요?

정균오 러시아 선교 30년을 한번 정리해 보자는 마음으로 쓰게
되었습니다. 이 책은 두 가지 목적을 가지고 저술했습니
다. 첫 번째는 그동안 저와 함께 콘비벤츠 정신으로 하나
님의 선교에 헌신하신 분들에게 감사 편지를 쓴다는 의
도에서 이 책을 저술했습니다. 두 번째는 30년의 선교를
정리하여 함께 콘비벤츠 선교를 남기고자 하는 의도에서
집필하게 되었습니다. 이 책은 한 번 자리에 앉아서 기록
한 것이 아니고 선교지를 방문하신 분들의 이야기를 평
소에 기록해 놓았던 것을 목차를 세우고 정리한 것입니
다.

박성배 《미션 콘비벤츠》를 집필하면서 제일 크게 중점을 둔 부분은 무엇입니까?

정균오 한국 교회의 건강한 선교가 무엇이냐가 제일 중요한 주제인 것 같습니다. 건강한 선교는 선교사와 후원교회와 현지교회와 함께해야 한다는 것입니다. 특별히 상호존중, 상호배움과 상호도움과 상호잔치를 선교할 때 진정한 하나님의 나라가 이루어진다는 것입니다.

박성배 책의 마지막 장에 정균오의 7가지 미션 콘비벤츠를 정리해 놓으셨는데, 7가지를 미션 콘비벤츠 이야기해 주시지요.

정균오 정균오의 7가지 미션 콘비벤츠는 제가 생각하는 건강한 선교가 무엇인가를 생각해 본 것입니다.

첫 번째, 콘비벤츠 선교.

두 번째, 꽃혀 있는 깃발을 날리게 하라.

세 번째, 균형 잡힌 신학을 가지라.

네 번째, 한 사람을 예수의 제자로 양육하라.

다섯 번째, 교회의 본질적 사명은 선교다.

여섯 번째, 글쓰기도 선교사의 사역이다.

이것은 이렇게 선교하면 건강한 선교를 할 수 있을 것 같다는 개인적인 의견을 제시해 본 것입니다.

박성배 《미션 콘비벤츠》 책에 제일 중요한 부분은 무엇입니까?

정균오 선교지에 교단을 세우는 선교를 지양하고 현지교회와 동 반자 선교를 강조하고 있습니다. 깃발을 세우는 선교가 아니라 하나님께서 이미 세워놓으신 깃발을 날리는 선교 를 하라는 것입니다.

박성배 《미션 콘비벤츠》를 출간하신 정균오 선교사님과 집필하 신 책 이야기를 나누고 있습니다. 책을 쓰시면서 제일 보 람된 일은 무엇이었습니까?

정균오 책을 쓰면서 제일 보람되었던 일은 그동안 감사하다고 말하고 싶었으나 말하지 못한 분들에게 감사 인사를 글 로 남긴 점입니다. 글로 남기니까 사장될 이야기들이 저 의 기억과 선교 역사에 남게 됨을 감사하게 생각합니다.

박성배 정균오 선교사님은 러시아 선교 30년 동안 하신 일 중에 몇 가지 중요한 일을 이야기해 주시기 바랍니다.

정균오 저는 블라디보스토크와 볼고그라드 두 지역에서 사역을 했습니다. 블라디보스토크에는 선교사들과 협력하여 블 라디보스토크 장로회 신학교를 설립했고 블라디보스토 크 노회와 신학교를 국가에 등록했습니다. 노회 설립으 로 인해서 모든 선교사가 교회 설립과 비자를 받게 된 것 이 감사한 기억으로 남아있습니다. 볼고그라드에서는 러 시아 복음주의 교회와 통전적 선교를 했습니다. 문화 센 터 '세상의 빛'을 건축하고 법인으로 국가에 등록하여 다양한 교회들이 이 공간을 통해서 복음을 전할 수 있도록 기여한 것이 기억에 남아있습니다.

박성배   정균오 선교사님은 대한예수교 장로회(통합) 선교사 훈련원 원장님으로도 사역을 하고 계신데, 선교사 훈련을 이야기해 주시기 바랍니다.

정균오   선교하면서 마음속에 간직하고 있는 것은 '사람이 중요하다'는 것입니다. 한 사람이 건강한 선교관을 가지고 선교하면 하나님을 기쁘시게 할 수 있습니다. 그러므로 한 사람을 바르고 건강하게 세우는 것에 관심을 가지고 이 사역을 감당하고 있습니다. 저는 약 15년간 총회 선교사 훈련원의 교수 선교사로 사역했습니다. 최근 3년간은 부원장으로 사역했고 2024년에 총회 선교사 훈련원 원장으로 사역하고 있습니다. 우리 교단 총회선교사 훈련은 오랫동안 선교사 자녀들을 데리고 들어오지 못하게 했습니다. 부원장을 하면서 총회 총무와 함께 힘을 합하여 이 문제를 해결한 것이 감사한 일입니다.

박성배   《미션 콘비벤츠》의 저자 정균오 저자님과 이야기를 나누다 보니 벌써 마칠 시간이 된 것 같습니다. 마지막으로 기도 제목을 나누어 주시기 바랍니다.

정균오   러시아, 우크라이나의 전쟁이 중단될 수 있기를 기도해 주시기 바랍니다. 제가 성공이나 유명한 선교사가 아닌 신실한 선교사가 되어 건강한 선교를 통해 하나님께 영광 돌리는 선교사가 될 수 있도록, 남은 3년 동안 러시아 선교를 잘 마무리하고 한국에 들어와서 고려인들을 섬길 수 있는 길을 열어 주시도록, 3년간 총회선교사 훈련원 원장 사역을 잘 감당할 수 있도록 기도해 주시면 감사하겠습니다.

영동극동방송에서 방송 녹음 후(왼쪽부터 박성배 목사, 김혜미 방송부장, 정균오 선교사)

《온화한 미소의 사람 김동익》 출간

러시아 볼고그라드에서

사랑하는 가족과 함께

정균오 선교사

저자는 러시아에서 30년 동안 사역한 선교사다. 블라디보스토크에서 한국 선교사들과 협력하여 장로회신학교를 세웠다. 볼고그라드(스탈린그라드)에서 러시아 복음주의 침례교회와 협력하여 문화센터 '세상의 빛'을 세웠다. 러시아 정교회 사제들과 대화하며 우정을 쌓아가고 있다.

1994년에 새문안교회 후원, 대한예수교장로회 총회 파송 러시아 선교사로 사역을 시작했다. 1995년부터 2002년까지 블라디보스토크에서 한국 선교사들과 초교파로 협력하여 블라디보스토크 장로회신학교를 설립했다. 블라디보스토크 장로회신학교와 노회를 러시아 정부에 등록하여 장로교회의 법적 기초를 놓았다.

2003년에 러시아 볼고그라드(스탈린그라드)로 이동하여 기독교 문화센터 '세상의 빛'을 설립했다. 세상의 빛 한국어 학교를 세워 운영하고 있다. 2020년에 장로회신학대학교 객원교수로 사역했다. 2008년부터 대한예수교장로회 총회(통합) 선교사훈련원 교수로 사역했다. 2020~2023년에 총회선교사훈련원 부원장으로 사역했다. 2024년부터 총회선교사훈련원 원장으로 사역하고 있다.

아세아연합신학대학 신학과(B.A.) 졸업, 장로회신학대학 신학대학원(M.Div., Th.M.), 장로회신학대학교 목회전문대학원에서 박사 학위(Th.D. in Ministry)를 받았다. 박사 학위를 받을 때 최우수 논문상을 받았다. 2021년에 아세아연합신학대학교에서 장한 동문상을 받았다.

저서로 《마을목회 개론》, 《온화한 미소의 사람 김동익》, 《미션 콘비벤츠》, 《유라시아 선교 꽃피다》가 있다.

문의

- Mobile / 010-9960-3246(한국) +7-960-887-9000(러시아)
- E-Mail / russjung@hanmail.net

블라디보스토크에서 30년 선교 꽃피다

최진선 선교사와의 인터뷰

박성배   극동방송 가족 여러분, 평안한 주일 보내고 계십니까?
〈박성배 목사의 책쓰기 코칭〉 오늘은 30여 년간 러시아
블라디보스토크에서 선교 사역을 하고 계신 최진선 선교
사님을 모시고 이야기를 나누어 보겠습니다.

박성배   먼저 최진선 선교사님께서 극동방송 가족들에게 인사를
나누어 주시기 바랍니다.

최진선   극동방송 가족 여러분 반갑습니다. 러시아 블라디보스
토크에서 선교 사역을 하고 있는 최진선 선교사입니다.
1995년 3월 24일에 아내와 5살 아들, 3살 딸을 데리고
블라디보스토크에 도착했는데 벌써 30년이 지나고 있습
니다. 별로 내놓을 것 없는 저를 이렇게 불러 주셔서 감
사를 드립니다.

박성배   최진선 선교사님은 어떻게 부르심을 받고 러시아에 선교
사로 가시게 되셨는지요?

최진선   저는 중학교 졸업을 앞둔 겨울 방학 때에 동네 교회 부흥
회에 참석하여 예수님의 구원의 복음을 들었습니다. 그

223

때 하나님께서 저에게 바른 믿음 바른 생각을 갖게 하신 것 같습니다. 그래서 너희는 먼저 그의 나라와 그의 의를 구하라는 말씀대로 나는 예수님이 나를 위해 죽어주셨으니 내가 원하는 대로가 아닌 주님이 원하는 대로 주님의 필요에 따라야 살아야겠다는 마음이 가졌었습니다. 그래서 하나님이 원하시면 부족한 나라도 선교사로도 가야지 하는 마음으로 준비하고 있었는데 그렇게 선교사로의 갈 길을 열어 주셨습니다.

박성배 러시아 선교를 어느 교회에서 주로 후원하고 계신지요?

최진선 인천의 첫 장로교회인 인천제일교회입니다. 인천제일교회는 저의 후원교회인 동시에 파송교회입니다. 왜냐하면 인천제일교회에서 창립 50주년을 기념하여 첫 선교사로 북한 선교의 발판을 마련한다는 의미로 러시아에 선교사를 파송하기로 결정하고 러시아로 갈 선교사를 찾았기 때문입니다. 그래서 제가 후원교회를 찾은 것이 아니라 인천제일교회에서 영덕 시골에서 목회하던 저를 찾아 훈련시켜 러시아로 파송하였습니다. 인천제일교회는 1995년 3월에 저의 가족을 파송한 이후 현재까지 변함없이 기도하며 후원하고 있습니다.

박성배 러시아의 동부에 있는 블라디보스토크는 특별한 땅인데, 블라디보스토크는 어떤 곳인지를 이야기해 주시지요?

최진선 블라디보스토크는 인구 대략 80만의 러시아 연해주의 행정중심 도시입니다. 모스크바까지 가는 시베리아 횡단 열차의 시발지인 동시에 부동항으로 러시아 태평양 함대 사령부가 있습니다. 1863년부터 한인들이 기근 및 구한말의 어려운 상황 속에서 두만강을 건너서 이주하기 시작하여 블라디보스토크에 신한촌이라는 고려인 마을 형성하였다. 이후 1937년 강제 이주를 당하기 전까지 살았는데, 지금 그 자리에 신한촌 기념비가 있습니다. 한국에서 제일 가까운 러시아의 도시로 비행기로 두 시간 거리입니다.

코로나 전에는 매일 여러 편의 항공으로 우리 국민이 연 30만 명이나 다녀가는 각광을 받는 관광지였습니다. 정주영 회장이 살았을 때 지은 현대호텔(지금은 롯데호텔)이 있는데 블라디보스토크에서 최고급의 호텔로 꼽히고 있고 2012년 APEC 행사 때에 지은 블라디보스토크의 명물인 예술공연장(마린스키 찌아뜨르)은 한국의 기술로 건축되었습니다. 무엇보다도 연해주의 고무적인 상황은 한국 선교사들이 많이 들어와 있다는 것입니다. 러시아에서 모스크바를 비롯한 모든 지역은 한국 선교사가 계속 감소추세가 있지만, 연해주 블라디보스토크는 오히려 꾸준히 증가하고 있습니다. 특히 중국에서 추방된 선교사들도 많이 들어와 있습니다. 현재 한국에서 블라디보스토크로 오가는 교통편은 중국을 통해 오는 항공편이 있고 매주 1회 동해와 블라디보스토크를 오가는 배가 있습니다.

박성배 블라디보스토크에 처음 선교한 분은 최관흘 선교사로 알고 있습니다. 그 이야기를 좀 해주시기 바랍니다.

최진선 최관흘 선교사는 1909년 평양신학교 2회 졸업하고 9월 6일에 목사로 안수받고 연해주에 있는 한인 대상의 선교사로 파송을 받았습니다. 블라디보스토크에 도착하여 러시아 당국에 한인을 위해 예배를 드릴 수 있도록 허락해 달라는 청원서를 1909년 11월 5일 자로 올려 모스크바로부터 허락을 받아 연해주의 선교사로서의 일을 잘 감당하였습니다. 그러다가 1912년 12월 말 정교회의 압력으로 정교회 교리 문답사가 되었는데, 이로 인해서 파송한 한국 노회에서 면직을 당하게 되었습니다. 당시는 배교한 것처럼 보여질 수 있으나 1917년 공산 혁명 후 정교회를 나와 1922년 장로교 목사로 다시 복직이 되어 한인을 위한 선교 사역을 계속하였습니다. 그래서 최관흘 선교사는 정교회에 압력에 단지 굴복한 것이 아니라 복음을 잘 모르는 정교회 신자들을 교리 문답사의 자격으로 계속 복음 사역을 한 것으로 이해할 수가 있습니다.

그런데 최관흘 선교사가 1992년부터 블라디보스토크로 들어온 장로교 선교사들에게 아주 귀한 분이 되었습니다. 왜냐하면 1998년에 나온 새로운 종교법에는 15년의 역사가 없는 종교단체는 선교사를 초청할 수 없는 조항이 있었다. 따라서 개방 후에 들어온 선교사가 세운 교회는 15년이 되지 않으면 선교사를 초청할 수 없었기에 한국 선교사가 개척한 교회는 러시아 현지침례교회나 오순

절 교회 소속으로 재등록해야 할 처지에 놓였습니다. 그런데 최관흘 선교사가 1909년 11월 5일 자로 장로교회 예배를 허락해 달라는 청원서와 함께 모스크바로부터 허락받은 문서를 블라디보스토크 고문서 박물관에서 찾아내어 블라디보스토크 시로부터 인정을 받아 블라디보스토크의 모든 선교사가 세운 장로교회가 명실상부 15년이 아닌 99년의 역사를 가진 교회로 재등록을 하였습니다. 그래서 블라디보스토크(연해주)에 있는 모든 장로교회는 법적으로 최관흘 선교사가 세운 교회가 뿌리라고 말할 수가 있습니다. 그래서 2009년에는 연해주 장로교 선교 100주년 행사를 연해주 모든 장로교 선교사들과 함께 모여 기념하며 축하하였습니다.

박성배 최진선 선교사님은 이번에 저와 함께 《유라시아 선교 꽃피다》를 출간하셨습니다. 책에 어떤 내용을 쓰셨는지요?

최진선 제가 제목을 〈주의 인도하심 따라〉라고 썼습니다. 제목대로 제가 여기까지 온 것은 '주님의 인도하심 따라'입니다. 예수님을 믿고 자연스럽게 하나님께서 주의 일을 하여야겠다는 마음을 주셔서 신학을 하고 시골에서 사역하다가 선교사로 가게 된 이야기입니다. 선교지에서 대외적으로 의미 있는 일들을 하게 하셨는지에 대해서 썼습니다. 그리고 선교지에서 어떻게 하나님의 말씀이 새롭게 다가왔는지에 대해서도 썼습니다. 인천제일교회에 가면 담임 목사님께서 말씀을 전할 기회를 주시는데 저는 이 시간을 주로 말씀을 전하게 되어 오히려 더 유익하다고 생각합니다. 이 시간에도 한 가지만 나누기를 원합니다. 예수님이 제자들 발을 씻어주시면서 "내가 주와 선생이 되어 너희 발을 씻겼으니 너희도 서로 발을 씻는 것이 옳다"고 하셨습니다. 예수님이 베드로 발을 씻으려 하실 때 베드로가 이렇게 말했습니다. "주여, 주께서 내 발을 씻기시나이까? 우리는 예수님의 피로 산 예수님의 것으로 우리의 동의 없이 들어오실 수 있으시지만 그러지 아니하시고 우리가 문을 열 때까지 밖에 서서 두드리고만 계십니다. 그런데 왜 제자들의 발을 씻을 때는 제자들의 동의 없이 발을 씻기실까요?" 예수님께서 "나의 하는 것을 네가 이제는 알지 못하나 이후에는 알리라"고 말씀하셨습니다. 저는 이렇게 이해를 하였습니다. 발을 씻기라는 것은 서로의 허물, 서로의 잘못인데 이것들은 상대방의 동의를 구하지 말고 용서를 하라는 것입니다. 상대방이 죄를 인정하고 사과할 때 용서해 주는 것이 아니라 무조건 용서하라는 것입니다. 그렇게 예수님은 주기도문에서 가르쳐 주셨고, 너희가 사람의 과실을 용서하지 아니하면 너희 아버지께서도 너희 과실을 용서하지 아니하시리라고 확증하셨습니다. 다시 한번 남의 과실을 무조건 용서하는 것이 얼마나 중요한지 예수님이 친히 제자의 발을 씻겨주시면서 본을 보여 주셨습니다. 이렇게 말씀이 깨달아지니 참 감사한 일입니다.

박성배	특별히 최진선 선교사님은 2026년 몽골에서 개최될 PCK 제3회 선교대회 대회장으로서 책임을 맡아 준비 중이신데, 어떻게 준비하고 계신지를 이야기해 주시지요?
최진선	2026년 제3회 PCK 유라시아 몽골 선교대회 준비는 권역장인 제가 주도적으로 만들어 가는 것이 아니라 저는 대회가 잘 준비가 되도록 임원들과 함께 섬기는 자의 역할을 잘하려고 합니다. 그래서 우선 유라시아 회원들이 주인의식을 가지고 대회를 만들어 가도록 유라시아 전체 회원들의 단톡방을 개설하여 소통의 창구를 마련하였다. 그리고 대회를 위한 여러 팀을 만들어 회원들이 원하는 대로 팀원이 되어 의견을 모으도록 하였습니다. 그래서 대회를 준비하는 의사결정이 상향식으로 되어서 임원의 결정을 회원이 단순히 따르는 것보다 회원의 여러 의견을 임원이 잘 적극적으로 받아들여 실천할 때 더욱 활기찬 대회가 될 것으로 봅니다.

준비팀을 비롯한 여러 팀은 대회를 위한 팀뿐만이 아니라 5개로 나눈 현지선교회(러시아 동부, 서부, 몽골, 카자흐스탄. 키르기스스탄) 회원들 간의 소그룹 모임으로 친밀한 교제의 장이 되기를 기대합니다.

박성배	러시아 선교 30여 년을 하시면서 가장 큰 보람은 무엇입니까?
최진선	1995년도에 와서 1년을 러시아 연수하고 96년 8월 첫 주에 아파트에서 첫 예배를 드렸을 때 참 보람된 일 같

았습니다. 1996년도 9월부터 연해주에 있는 선교사들이 모여 신학교를 시작하여 함께 교수로 사역한 일은 참 보람되었습니다. 그리고 2005년 CIS 구소련 선교대회와 2009년 연해주 선교 100주년 기념대회의 대회장으로 일한 것도 보람된 일 같습니다. 그런데 지금 생각하면 이런 일들은 다 잊혀 가고 희미해져 가는 것 같습니다. 그런데 요즘 몇 명의 성도들과 매주 말씀을 나누며 전도하며 심방하며 조금씩 변화되는 것을 보면서 보람을 느낍니다. 말씀을 전하는 자로서 매주 말씀을 준비하는 것은 힘들지만 새롭게 깨달아지는 말씀을 나누면서 보람을 느낍니다. 내가 무슨 보람된 일을 하였는가보다는 하나님이 얼마나 우리를 사랑하고 주 예수님이 얼마나 나를 사랑하는가를 깨달아가는 시간들이 참 보람된 시간이라고 저는 생각합니다. 예수님의 말씀대로 왼손이 하는 것을 오른손이 모르게 하라는 말씀대로 작은 것이라도 예수님의 이름으로 섬기고 기도하고 돕는 것들이 하나님 앞에서 참 보람된 일이라고 생각이 됩니다.

박성배 마지막으로 기도 제목을 나누어 주시기 바랍니다.

최진선 집사람이 제 어머니가 살아계셨을 때 저에 대해 이런 말을 들었다고 합니다. "내 아들은 착하긴 한데 말은 잘 안 들어." 어머니께서 잘 말씀하셨습니다. 방향은 잘 잡았는데 실전에선 밀린다는 것입니다. 저는 인내가 많이 부족합니다. 은퇴를 앞둔 나이인 바울이 이렇게 썼습니다.

"내가 아직 잡은 줄로 여기지 아니하고 오직 한 일, 즉 뒤에 있는 것은 잊어버리고 앞에 있는 것을 잡으려고 푯대를 향하여 그리스도 예수 안에서 하나님이 위에서 부르신 부름의 상을 위하여 좇아가노라"

이 말씀대로 주님이 부르실 때까지 건강하여 믿음의 경주를 끝까지 달려가는 자가 되기를 기도합니다. 결혼한 아들딸이 선교사의 자녀답게 선교적인 삶을 살아가기를 기도합니다. 러시아 교회가 하나 되어 말씀대로의 회개와 성령으로 더 새로워지기를 기도합니다.

박성배   〈박성배 목사의 책쓰기 코칭〉 오늘은 최진선 선교사님과의 소중한 시간이었습니다. 극동방송 애청자 여러분, 그리고 통일이 되면 만나게 될 북녘에 계신 여러분, 다음 시간에 뵙겠습니다.

러시아 블라디보스토크에서 만남(최진선, 박성배)

2013년 6월, 카자흐스탄에서 제2회 PCK 유라시아 선교 대회(제3회
PCK 유라시아 선교대회는 2026년 몽골에서, 대회장은 최진선 선교사)

최진선 선교사

나는 경기도 남양주 장현에서 태어났다. 어렸을 때 겁이 많았고 특히 날마다 밤이 되는 것을 무서워했다. 긴긴 겨울밤 혼자 깨어있을 때 윗목에 놓여 있는 오강이 점점 허수아비로 변해 보이기도 하고 갑자기 방문을 부수며 나에게 총을 들이대는 환상에 놀라 이불 속으로 숨기도 했다. 10살이 되면 괜찮아진다고 했는데, 10살이 훨씬 넘어서야 그런 증세가 없어졌다. 그런데 그 나이에도 죽음을 생각하면 가슴이 답답하였다. 그러다 17살이 되던 해에 어머니 권유로 교회 부흥회에 참석하여 바로 구원의 믿음이 생겨 죽음을 두려워하지 않게 되었다.

고교를 졸업하고 바로 전도자가 되려는 마음으로 바로 야간 신학교를 2년 다니다가 군대 영장을 받았는데, 이왕이면 전방에 근무하기를 바랐다. 나는 피만 봐도 얼굴이 노래질 정도이지만 그래도 남자로서 당당하게 군 복무를 하고 싶었는데 그 원대로 군인답게 최전방에서 철책선을 지켰다. 제대 후에 82년에 새로 장신대에 들어가 신대원을 89년 2월에 졸업하였다. 선교사의 꿈이 있었는데 이것도 내가 선교사 자질이 있어서가 아니라 선교사의 빛을 갚는 보람된 일이라고 생각했기 때문이다. 그런데 그 원대로 신학교 졸업 후 5년 만에 인천제일교회 후원 선교사로 1995년 3월 25일에 온 가족이 블라디보스토크로 들어왔다.

하나님께서는 나에게 처음 믿을 때부터 바른 생각 바른 믿음을 심어 주신 것 같다. 광야의 외치는 자의 소리처럼 선교지에서 때때로 노약자(작은 자)의 편에 서서 소리를 질렀다. 예수님께서는 너희 착한 행실을 보고 하늘에 계신 너희 아버지께 영광을 돌리게 하라고 하셨는데 나는 착한 행실이 아닌 말이라도 "저는 아무 것도 아닙니다. 오직 주님만이 홀로 영광 받으셔야 합니다." 때로 눈물의 기도가 나온다. 이것도 하나님께서 인정해 주시는지 나의 부족과 많은 허물을 간과하시고 오히려 높여 주시고 좋은 것들로 채워 주셨다.

인천제일교회가 주 후원교회로 처음부터 지금까지 기도하며 후원하고 손신철 담임 목사님은 늘 선교사를 위하고 감싸 주신다. 5살, 3살에 블라디보스토크에 온 남매가 이제는 다 결혼하여 아들은 한국에서 딸 셋을 낳았고, 딸은 모스크바에서 첫아들을 낳았는데 어디서나 선교사적인 삶을 살아가길 기도한다. 유라시아 권역장으로 세워주신 것도 나에게 너무 과분하고 특별한 은혜이다. 끝까지 잘 감당할 수 있기를 바라며, 주님의 인도하심 따라 나아간다. 지금까지 유라시아 각 회장들과 임원과 함께 만나며 친밀하게 지내게 하셔서 참 감사하다.

문의

- Mobile / 7-908-445-0493
- E-Mail / candre57@hanmail.net

우리는, 인생 꽃피다

영동극동방송에서 방송했던 내용을 《인생, 꽃피다》로 출간하게 하신 하나님께 감사드립니다. 이번 책에는 크리스천으로서 각 분야에서 인생의 꽃을 피워가는 귀중한 분들의 이야기를 방송했고, 그 방송의 내용을 두고두고 마음에 담아두고자 책으로 엮었습니다. 하나님께서는 우리를 부르시고 자신에게 주신 달란트를 최고로 개발해서 하나님의 영광을 위해 사용하게 하심을 감사드립니다.

감사의 마음을 가득 담아

부족한 제가 극동방송을 처음 알게 된 것은 1992년 헝가리에서 오엠선교사로 사역을 하고 돌아와서 오엠 서울 사무실에서 선교훈련 간사로 일할 때였습니다. 공부영 아나운서님이 진행하는 〈하나되게 하소서〉 프로에서 '헝가리의 변화와 한반도의 통일' 이야기를 하였던 것으로 기억합니다. 그리고 2007년 인천공항 신도시에 교회 건물을 건축하고 힘들 때 극동방송과 함께 프로그램들을 진행하면서 큰 힘과 용기를 얻었습니다. 더구나, 2024년 4월부터 영동극동방송에서 〈박성배 목사의 책쓰기 코칭〉을 진행할 수 있도록 배려해 주신 김성

현 지사장님과 방송을 배워가면서 적응할 수 있도록 친절하게 인도해주신 김혜미 방송부장님께 깊이 감사드립니다. 방송 대본을 복사해준 김수빈 님께도 고마움을 전합니다. 무엇보다 방송 인터뷰에 응해주시고, 함께 책을 출간하게 된 저자 여러분께 감사의 마음을 드립니다.

우리는 인생 꽃피다

방송을 진행하며 《인생, 꽃피다》를 기획한 부족한 저와 저자로 함께 참여하신 김재민, 박영순, 김신회, 김지회, 임인채, 김영옥, 이경용, 정선문, 김태균, 손외식, 홍경일, 강혜숙, 정균오, 최진선 님은 '하나님이 보내신 영역에서 자신의 달란트를 개발하여 최선의 삶으로 인생을 꽃피워가고 계신 분들'입니다. 70여 년간 순수 복음 방송으로 북녘땅에 방송으로 복음을 전하며, 통일한국과 선교한국을 준비하는 극동방송의 사역도 확장되기를 바랍니다. 이 책이 전달되는 곳에 하나님의 영광이 드러나기를 소망합니다.

2024년 11월

박 성 배

쓰고 방송하고 나누다

인생, 꽃피다

초판 1쇄 발행 2024년 12월 06일

지은이 박성배, 김재민, 박영순, 김신회, 김지회, 임인채, 김영옥
      손외식, 이경용, 정선문, 김태균, 홍경일, 강혜숙, 정균오, 최진선
펴낸이 류태연

펴낸곳 렛츠북
주소 서울시 영등포구 문래북로116, 1005호
등록 2015년 05월 15일 제2018-000065호
전화 070-4786-4823   팩스 070-7610-2823
홈페이지 http://www.letsbook21.co.kr   이메일 letsbook2@naver.com
블로그 https://blog.naver.com/letsbook2   인스타그램 @letsbook2

ISBN 979-11-6054-733-7 03230